ソビエト連邦史

1917–1991

下斗米伸夫

講談社学術文庫

目次

ソビエト連邦史——1917–1991

序章　党が国家であった世紀

ソビエト史を体現する人物

ソ連邦を作った革命家、政治家であるモロトフ首相兼外相（一八九〇～一九八六）の孫、ニコノフ氏と会ったのは二〇〇一年一二月二六日、ソ連崩壊からちょうど一〇年目のことである。孫は祖父と同じビャチェスラフという名前だった。面会した時、一九五六年生まれのニコノフ氏は著名な政治評論家となっていたが、ソ連崩壊の九一年当時はソ連最後のKGB（国家保安委員会）議長バカーチンの補佐官であった。

祖父とは違ってロシア革命に対しては否定的で、自己を保守主義者と規定する孫ニコノフ氏は、一方で祖父の史料を集め、その評伝を書くのだとも言う。三一歳で党書記となり、四〇歳で首相となった祖父と比較すると、「自分は遅れて来た」という感覚を持ったともニコノフ氏は述懐した。

ビャチェスラフ・モロトフとは、本名スクリャービン、ロシアの革命家であり、ソ連国家と共産党の創始者の一人である。

モロトフは、一九〇六年にロシア社会民主労働党（ボリシェビキ、ボリシェビクは単数形）に入党、一二年から「プラウダ紙」編集者としてボリシェビキ党の司令塔にいた。十月革命（むしろ十月「転換」、つまり「ポボロート」というロシア語のほうが実態に近い）に参加、一九二一年に共産党中央委員会の政治局員となってから党内闘争で敗北する五七年まで、政治局員としてつねにその中枢にあり続けた。レーニンの側近であり、スターリンの右腕として一九二〇年代の「党建設」と党内闘争、二〇年代末からの工業化、農業集団化、三〇年代の大粛清《チストカ》、三〇年代末からの戦争と外交を指導した。

なかでも一九三九年八月のモロトフ＝リッベントロップ協定から第二次世界大戦、独ソ戦、そしてヤルタ会談から冷戦へと至る過程は、この人物抜きに世界史の記述ができないほどだ。冷戦期においては、スターリンとモロトフの関係は微妙で、最晩年のスターリンは彼を粛清することを考えた。事実、モロトフ夫人であるユダヤ系のポリーナ・ジェムチュジナは一九四八年のイスラエル建国後は女性政治犯収容所にあった。一九五三年三月に独裁者スターリンが死ぬと、夫人は釈放第一号となる。

だが、モロトフは一九五七年の反党グループ事件で政治局を追われモンゴル大使となり、六一年の第二次スターリン批判で共産党から除名された。けれどもチェルネンコ時代の一九八四年に奇跡的に復党し、ゴルバチョフ期の八六年一一月、九六歳で亡くなった。ちょうど六九年前レーニンとともに権力を奪取した革命記念日のことであった。モロトフは、死の直前にはゴルバチョフ書記長に会おうとしていたという。ソ連邦が崩壊する五年前に亡くなっているが、典型的な「ソビエト的人間」の生涯を送った人物だったと言えるだろう。

ソ連共産党のナンバー2

対外的には、モロトフはヒトラーとの一九三九年協定の署名者であり、第二次世界大戦時の英米ソの大連合を率《ひき》いた最高の外交官であり、そして冷戦時代には東側ブロックを代表する闘士でもあった。真の転換点であった一九五三年三月のスターリンの死後は、フルシチョフらによる「非スターリン化」への反対者でもあった。もし革命と二つの世界大戦、冷戦といった二〇世紀のグローバル政治史を描くとしたら、ソビエト体制とともにあったモロトフは欠かすことができない人物である。

だが、この人物の名前は、第二次大戦時の火炎瓶のあだ名（飲めないカクテル、「モロトフ・カクテル」）以外ではあまり知られてはいない（ちなみにペンネームには、若いころはジャージャ〔伯父〕とか、ミハイロフなどがあり、また海外では、第二次大戦時にはブラウンとか、アレクセーエフ、冷戦期にはモール〔ボスの情婦の意味がある〕とも呼ばれた）。レーニン、トロツキーらから始まって、スターリンに至るソ連政治史の前半は、仮名《かめい》をもつ支配者たちの時代だった。実はモロトフも仮名で、ハンマーという意味である。

この人物はソ連共産党のナンバー2であったにもかかわらず、首相や外相としての発言集や著作集は、パンフレット類をのぞけば、一九三〇年代半ばの『論文と演説』、さらに外相として書いた『ソ連の対外政策』などがある程度である。内容も平板で、そこにはスターリンほどの独自性、スタイルや思考の新しさなどはない。

そのせいかモロトフについて正面からあつかった研究や評伝は、欧米やソ連国内でもほとんど存在しない。一九五六年に英国のジャーナリスト、B・ブロマージュが著した『モロトフ　時代の物語』くらいである。一九三〇年代の首相モロトフについて、英国の研究者デレク・ワトソンがソ連崩壊後の九五年に『モロトフとソ連政府』を書いたのは例外といえる。また、「モロトフがスターリンにかわってトップに立つ可能性すらありえた」と書いたのは現代ロシアの評論家レオニード・ムレチン（一九五七〜）である。一九四一年六月末、独ソ戦での緒戦の敗退に衝撃を受けたスターリンは指導を放棄した。その時創設された国家防衛委員会は、モロトフの主導によるものであったからである。国家計画委員会のボズネセンスキーは、「ビャチェスラフ、前進しよう、我々はあなたについていく」と語ったという。もっとも孫のニコノフはこの話を一笑《いっしょう》に付《ふ》す。筆者もやや否定的である。

二〇世紀を証言する希有な記録

ここでモロトフを取り上げるのは、ソ連体制の担《にな》い手、ソ連共産党と国家指導者としての軌跡であるが、この人物は残念ながら自伝を書かなかった。師に当たるレーニンも書かなかったというのが理由だった。一九六〇年代、レーニン図書館で年金生活者モロトフを見かけた人物は外国人もふくめて多い。しかし彼はめったに口を開かなかった。自伝執筆のため彼自身史料館に文献利用を申し込んだものの、当局から許可は出なかったという。ちなみに日本のある外交官が一九六〇年代末、散歩中の老モロトフを見かけ、インタビューを申し入れた。だが彼は「ソ連外務省に許可をもらえ」とだけ答えた。返事はむろんなかった。

それでも、小説家イワン・スタドニュークや歴史家G・クマネフなどが、モロトフにインタビューを試みた。なかでも作家フェリックス・チューエフは本人に公刊の許可を得ずにではあるが、直接インタビューを行った。はじめて会った一九六九年から一七年の間に一三九回、毎回数時間ずつ対話した記録を書きためた。五〇〇〇頁を超える資料は編集され、一九九一年に『モロトフとの一四〇の対話』として公表された。二〇〇二年にはその完全版がオルマ・プレスから出版された。

このモロトフ老人は正確な記憶をもって、ソ連と自己の軌跡を正当化した。「大粛清の一九三七年は必要だった」と老人は言いきっている。この対話形式による回想は、専門家以外にはほとんど知られていないが、二〇世紀のもっとも陰惨にして重要な時代を、ソ連国家の中枢で動かした人物の希有《けう》な記録である。

つまりロシア革命、内戦、新経済政策《ネップ》、集団化、粛清、そして第二次大戦に至る一九三〇年代の外交、「大祖国戦争」、なによりも四五年以降、超大国となる冷戦期のソ連、スターリンの死と批判、平和共存とフルシチョフ改革から、ペレストロイカまで、モロトフが関与しなかった大問題はなかった。自己弁護が多いが、陰鬱《いんうつ》な世紀としての二〇世紀の重要な一コ《ひと》マでもある。

もっとも孫のニコノフは、この『モロトフとの一四〇の対話』は真の回想と見なすことはできないと強調する。そもそもが、公表を予定した回想ではないからだ。その一方ニコノフは、祖父が引退前後に書いたいくつかの反スターリン的ともいえる私蔵版のノートを「独立新聞」(二〇〇〇年三月)に公表した。その後、三巻本からなるニコノフ版のモロトフ評伝を書きはじめ、二〇〇五年に第一巻『モロトフ——青年時代』を刊行した。一九二四年のレーニン死後までを扱っている。

さらに新しい展開は、二〇一一年から翌年まで『歴史の諸問題』誌に、フルシチョフによって除名された一件に関するモロトフの共産党中央委員会宛の書簡(一九六四)が公開されたことである。フルシチョフ失脚後の保守化の動きに合わせて自己の弁明をはかったものだが、スターリン批判に対する保守的な立場からの反論として、描かれている歴史的事態の評価や個人の役割などが興味深い(106)。この書簡は少部数党内で密かに印刷され、一九七〇年代にはモスクワでもその存在が当時の留学生の耳にも達するほど噂された。

また第二次大戦から冷戦期のモロトフ研究としては、G・ロバーツ『モロトフ——スターリンの冷徹な闘士』(Geoffery Roberts, *Molotov: Stalin's Cold Warrior*, Potomac Books, 2011)がある(106)。また狭い意味での研究ではないが、面白いものにレイチェル・ポロンスキーの『モロトフの魔法の角灯』(Rachel Polonsky, *Molotov's Magic Lantern, A Journey in Russian History*, Faber and Faber,2010)がある。これはモロトフの孫娘が管理するモロトフ晩年のアパートを借りて生活していたジャーナリストによるエッセーである。

西側の学者も、ロシアの著者でも、この人物とその時代をいまだに正確に書いていない。それどころか、モロトフの評伝すら書いてこなかったのだ。ソ連体制をみる視点が、まだ完全に定まっていないことと関係しているのだろう。ソ連史の些末《さまつ》な人物について、回想や伝記が書かれているのとは対照的だ。

モロトフを補助線にソ連を読む

ソ連とは何であったのか？

ソ連史を短い紙幅で理解するのは容易ではない。だがもし、ソ連政治史全体を、一人の人物の生涯と関連づけて描きうる人物を選ぶとしたら、モロトフこそこのような個性であろう。マクロのソビエト連邦史とミクロのモロトフ伝とを架橋《かきよう》するような試みは、ソ連の実像を明らかにしてくれるだろう。

とくにソ連体制が、共産党という機構を通じてあの巨大な国家を動かしてきたとしたら、その党と国家とをつなぐ蝶番《ちようつがい》のような役割を演じた人物に焦点を当てるのが適切だと考えられる。

必ずしもレーニンやスターリンのように歴史の表舞台にすべての活動をさらしたわけでもないし、トロツキーやブハーリンのようにきらびやかな批判の論陣を展開したわけでもなく、むしろめだたないがソ連史の多くの局面で決定的な役割を演じたのがモロトフである。ロシア革命前から一九五〇年代まで共産党の最高幹部として党官僚制と国家官僚制のいわばつなぎ目、インターフェースの立場にいたこの人物こそが重要なのである。

二〇世紀がもし組織の世紀であったとすれば、ソ連共産党は二〇世紀の世界最大の政治機構であった。あるいは英国のソ連学者アーチー・ブラウンとともにソ連が主導した共産主義こそ、世界最大の政治運動であったともいえる（117）。その発する理念と機構は、全世界を変えようとした。モロトフこそその制作者であり、陰のプロデューサーであった。官僚政治は匿名性を特色とするのである。

とりわけ「歴史の空白をうめよ」と言ったゴルバチョフ（一九八五年、書記長就任）以降、ロシアで現れつつある歴史の見直しの膨大な成果、とくに政治局から市民に至るまで公開されはじめた新史料をも紹介しながら、モロトフ回想にいわば批判的注をつけるといったかたちで、この二〇世紀的、いな二〇世紀に生きた「一九世紀的人物」と自称した人物からみたソ連を明らかにしたい。

モロトフの軌跡は、ソビエト連邦史の大部分と重なっている。国家の死滅を目指したはずの権力が、二〇世紀最大の国家機構へと転化していく機制《メカニズム》、そしてそれを共産党が支配し動かすというソ連社会主義そのものの歴史である。

党とソビエト国家をつうじて強大な権力を行使した彼の足跡は、好むと好まざるとにかかわらず、二〇世紀を証言する重要な記録である。それだけでなくソ連崩壊のいわば秘密も、党と国家の関係の推転のなかに潜《ひそ》んでいたのである。こうして本書はモロトフ評伝というよりも、ソ連政治の深奥に盤踞《ばんきょ》したこの人物を補助線にしてみたソビエト連邦史の再入門となる。

本書の案内

本書は九つの章からなる。

第一章は、モロトフとレーニン、ロシア革命、そしてソビエト国家の形成をたどる。この増補版では、とくにモロトフ一族のルーツだけでなく、ロシア革命全体に大きく影響したと考えられるようになったロシア正教の異端派である「古儀式派」との関係に強調が置かれている。古儀式派とは一七世紀のロシア正教会での論争で異端とされた古い信仰者集団である。古儀式派は「モスクワは第三のローマ」と信じ、ロシア帝国と一体化した正教主流派を「アンチ・クリスト」と批判、このため正教会を追放された。

この流れの信徒数はこれまで想定された以上であり、また定義にもよるが人口のかなりの多数をしめたと思われるものの確たる人口調査はない。主として拠点のモスクワをふくめ、ボルガやウラル、シベリアにまで広がった。いな、中国や日本をふくめた海外でも知られていた。必ずしも政治的ではないものの、一九世紀には事実上最大の反対派潮流（セルゲイ・タラネツ）となっていた。二〇世紀初め日露戦争で敗北した結果として政教分離がなされ、その存在が公然化する。しかしロシア革命後、とくにスターリン体制の下《もと》で抑圧される。

いわばロシア正教におけるプロテスタントとして禁欲的なこの人々は、しかし一九世紀後半までに繊維工業の大半を支配する生産者階級となっていた。無神論者であったモロトフをふくめ、ボリシェビキ党などにもこの流れの環境で育った人々が入り込んだ。この古儀式派の理解なくしてはいまや正確なロシア史、ソビエト史は考えられないほどだ。

ロシア革命がなぜロシア革命と呼ばれているのか、ソビエトという大衆組織がなぜイワノボ・ボズネセンスクなどモスクワ周辺やボルガの古儀式派が強い宗教的な土地で一斉にできたのか、なぜまだ革命党もほとんどないのに農民兵が革命に走ったかについて、すべてこの古儀式派抜きには説明不可能である。そもそも労働者がせいぜい人口の二パーセント程度とされるロシアでどうして「労働者」の革命が起きたのか？　そして七四年後に崩壊したのか？　ロシア革命とソ連史のこの最大の謎も、それを解く鍵も古儀式派にありそうだ、というのが革命一〇〇年にして筆者が考える新解釈である。

第二章では、一九一七年の革命後にできた共産党なる組織を、党官僚モロトフの角度からみていく。

実は革命後の政治状況は混沌としており、権力を握ったボリシェビキ党は、改めて共産党と名乗る。しかし権力党にすり寄る勢力がある一方、革命の大義を信じる集団は共産党内でも各種の反対派を形成する。一九二〇年から二一年にかけて民主集中派とか労働者反対派ができた。ロシア革命時はモロトフの党内での上司であったアレクサンドル・シリャプニコフは両親が古儀式派系といわれるが、レーニンやトロツキーの党内運営をはげしく批判した。しかし党主流派は分派を禁止、労働者反対派などを除名する挙に出た。こうして共産党はあたかも異端派を禁じる無神論者の教会さながらの存在になっていく。

第三章では、一九二〇年代の「新経済政策（ネップ）」を、政治警察資料などを使い、新たな角度から見直す。新経済政策は農民経営を認めることで市場経済を公認した。このことは共産党のなかでも一九二四年にレーニン死後首相となるルイコフなど右派系の勢いを増した。これに対しトロツキーやジノビエフなど左派の潮流は追い詰められる。しかし反対党派、教会や知識人などにはとくに圧力が強まっていくが、その背景には党官僚組織を握るスターリンやモロトフがいた。

第四章は、一九三〇年代スターリン体制形成、そして大粛清に新たな光を与える。とりわけモロトフ自身、同じ古儀式派村出身だったルイコフ首相に代わって一九三〇年末に首相となり、共産党による全面的集団化を指導、多くの農民を抑圧、「クラーク（農村の富裕層）」として粛清していく。その頂点となっていくのが一九三二～三三年のロシア南部、そしてウクライナでの数百万にも上る農民弾圧であって、大量の飢饉が発生した。この危機は独ソ戦の歴史的原因となり、あるいは一九九一年のソ連崩壊でのウクライナ世論を動かす要因となった。飢饉はスターリンに忠実な地方党官僚や軍幹部の動揺を招き、一九三〇年代後半の共産党幹部や赤軍での大粛清にもつながる。ジノビエフやルイコフ、ブハーリンなど党内反対派だけでなく、忠実なスターリン党官僚も犠牲となった。

第五章では、モロトフが外相（外務人民委員）となってから一九四五年の第二次世界大戦終結までの戦争と外交をみていく。

一九三〇年代末にユダヤ系であるリトビノフ外務人民委員が解任され、かわってモロトフが首相兼務で外相に任命されたことは、世界戦争が近いというスターリンの認識を物語った。一九三九年八月にナチスとの間に結ばれた電撃的な「モロトフ－リッベントロップ」、つまり独ソ不可侵条約はドイツとソ連の東欧分割を合意するもので、第二次世界大戦の引き金となった。しかし独裁者間の関係が長続きするわけもなく、一九四一年六月二二日には独ソ戦が勃発、スターリンがたじろいだ緒戦ではモロトフなどが「国家防衛委員会」を作り、党と政府、軍の全権限を集中する。またロシア正教会と和解して愛国主義に基づく「大祖国戦争」として、戦争の目的を変えた。

日本の真珠湾攻撃により文字通りの世界戦争となった時、モロトフはチャーチル、ルーズベルトといった連合国最高指導者との「第二戦線」をめぐる外交交渉のため英米に赴《おもむ》く。しかし彼らが一九四四年六月のノルマンジー上陸で欧州戦線に関与するのはスターリングラード（現ボルゴグラード）の戦いで勝利してからもさらに一年近くたっていた。ヒトラーは一九四五年四月三〇日自殺するが、この間の英米とソ連との溝が冷戦につながっていく。

第六章は、ソ連が超大国として冷戦の一方の当事者となる時期をたどる。

一九四五年末までに米ソ同盟関係は終焉《しゅうえん》、他方ソ連は秘密警察のトップであるベリヤを先頭に核開発を急ぐことになった。しかし国内にウラン鉱が十分にないこともあってソ連は東欧関与を強める。スターリンは、東欧とイデオロギー担当をレニングラード攻防戦の指導者ジダーノフに任せると、モロトフ外相の比重は低下した。イスラエルが当初はスターリンの支持もあって建国されるが、その国内への影響を懸念したスターリンは反ユダヤ主義を強め、夫人がユダヤ系のモロトフの立場は悪化して、外相も外される。一九五二年までに彼自身の粛清も危惧されたが、翌五三年三月のスターリンの死によってソ連の「雪解け」、戦後がはじまり、モロトフの首はつながった。

第七章は、スターリン亡き後のソ連がスターリンの遺産から解放される過程をモロトフの失脚とからませて見ていく。スターリンの死後、新しい世代が台頭、外相に戻ったモロトフだが、平和共存をすすめる新実力者のフルシチョフ第一書記とはうまくいかず、一九五五年七月総会で保守性を批判され、外相もシェピロフにすげかえられた。フルシチョフは第二〇回共産党大会で「スターリン批判」を提起した。このことは一〇月の東欧革命や中国での独自の動きとも相まって党内の批判を招く。翌一九五七年六月にはフルシチョフ第一書記解任にモロトフは動くが、逆に中央委員会多数派がモロトフらを解任、モンゴル大使に左遷させられる。さらには第二次スターリン批判で党籍も剝奪されたため、モロトフは弁明書を書いたものの、年金生活者《ペンシオネール》となった。

第八章は、モロトフが完全に党を追われ、年金生活者《ペンシオネール》となってから一九八四年に復党するまでのフルシチョフ～チェルネンコ時代を点描する。

一九六四年一〇月フルシチョフが解任され、L・ブレジネフ書記長の保守的安定化政策が持続する。対外的にはデタント（緊張緩和）をめざし、対等な対米核戦略を維持、またその間の石油価格の高騰もあって、一九八二年一一月にブレジネフが亡くなるまでソ連社会主義はかろうじて持続する。後任のアンドロポフ、グロムイコらの政権は、危機寸前という体制認識を持った。またこの間、グロムイコの上司であったモロトフの党籍を復権させる。しかしアンドロポフは約四〇〇日で死去、その後継チェルネンコ書記長も一九八五年三月には亡くなる。

終章は、ゴルバチョフ書記長のペレストロイカのなか、一九八六年に亡くなるモロトフの業績が再考・否定されていくなかで、九一年の崩壊へと突き進むソ連の最期を描く。このなかで、モロトフの遺産が整理されていく過程を考える。

この増補版では、宗教問題とソビエト革命など、ソ連が崩壊した後になって得られた知見、とくにモロトフの経歴など初版の選書メチエ版にはなかった新見解を付加した。

なお、本文中で数字をふくむ（　）《かっこ》は、引用・参考文献を示し、〔引用・参考文献番号〔巻末に掲載〕：巻数〔該当する場合のみ〕：ページ数〔該当する場合のみ〕〕という表記の方法をとっている。

人名解説

アンドロポフ、ユーリー（1914～1984）　スタブローポリ地方生まれ。コムソモールの活動から一九五三年にモロトフの推薦で外交活動に入り、五三年ハンガリー大使、五七年党中央で社会主義国の党担当、六七～八二年KGB議長、八二年党書記から一一月党書記長になる。しかし約四〇〇日で彼の統治は終わるが、その後も改革のモデルとしてプーチン大統領など一部で尊敬を受ける。

オルジョニキッゼ、グレゴリー（1886～1937）　グルジア（現ジョージア）人。一九一七年一〇月武装蜂起に参加、二二年からカフカース党第一書記、三〇～三七年政治局員、三〇年最高国民経済会議議長、三二年から重工業人民委員、三七年自殺。

カガノビッチ、ラーザリ（1893～1991）　ユダヤ系革命家、ニジニ・ノブゴロドの党活動から、党中央書記、ウクライナ党書記となる。一九三〇～五七年政治局員、五七年幹部会（政治局）から解かれ、六二年除名。

キーロフ、セルゲイ（1886～1934）　ロシア人。モロトフとはボルガ沿岸のビヤトカで同郷。北カフカースで革命活動、一九二六年からレニングラードで第一書記、三〇～三四年政治局員、三四年一二月一日、テロで暗殺される。

ゴルバチョフ、ミハイル（1931～　）　スタブローポリ地方生まれ。モスクワ大法学部卒業後故郷で党活動、一九七八年モスクワで農業担当書記、八〇年政治局員、八五年三月書記長、八九年最高会議議長、九〇年三月初代ソ連大統領、翌九一年一二月ソ連崩壊。

スターリン、ヨシフ（1878～1953）　グルジア（現ジョージア）生まれ。一九一七年から政治局員、二二年書記長、二八年から最高指導者となる。一九四一年から首相、四一～四五年国家防衛委員会議長、五三年没。

トロツキー、レフ（1879～1940）　ユダヤ人でメンシェビキ系活動家。一九一七年ボリシェビキ党加盟、十月革命後、一七年外務人民委員、一八年陸海軍人民委員、一九～二六年政治局員、二七年党除名、二九年ソ連から追放、四〇年メキシコで暗殺。

ブハーリン、ニコライ（1888～1938）　一九〇六年からボリシェビキ、逮捕、米亡命を経て、一七年日本経由で帰国、「プラウダ紙」編集、党内左派イデオローグから、二四年政治局員として右派、二九年解任。一九三四年「イズベスチャ紙」編集長、三八年大粛清で死刑。

フルシチョフ、ニキータ（1894～1971）　クルスク生まれのロシア人。一九二九年からモスクワで党活動、ウクライナ、モスクワでの党・政府活動を経て、五三年第一書記、五八年から首相を兼ねる。六四年失脚、年金生活者となる。

ブレジネフ、レオニード（1906～1982）　ウクライナ生まれ。ウラルの党活動を経て、冶金大学から戦後ウクライナ、カザフの党活動を経て、一九五七年から党幹部会委員（政治局員）、六四年第一書記（六六年書記長）。一九七七年最高会議幹部会議長兼務。

ミコヤン、アナスタス（1895～1978）　アルメニア人。一九一七年バクーで革命活動、二三～七六年中央委員、三五～六六年政治局員、四六～六四年副首相、六四～六五年最高会議幹部会議長。

モロトフ、ビャチェスラフ（1890～1986）　ボルガのビヤトカ（現キーロフ州）生まれ。一九〇六年から革命活動、「プラウダ紙」を経て、一七年革命参加、二一年党書記、二六年政治局員、三〇年人民委員会議議長（首相）、三九年外相兼務。五七年幹部会から解かれ、六一年党から除名、八四年に復党。

レーニン、ウラジーミル（1870～1924）　ロシアの革命家、ソ連の政治家。シンビルスクの視学官の家に生まれる。カザン大学で革命運動に参加、弁護士となり社会民主主義のサークルを指導、とくに一九〇二年『何をなすべきか』で職業革命家からなる革命党創設を主張。一九一七年のロシア革命では四月テーゼでソビエト権力と社会主義樹立を主張、十月革命後ロシア共産党を創設、また人民委員会議議長（首相）として国家権力を組織するが、二二年に病気で倒れ、二四年に亡くなる。

第一章　ロシア革命とボリシェビク

　ソ連が崩壊してすでに四半世紀が経つ。しだいに新史料が出はじめたことで、二〇世紀最大の政治史的事件であるロシア革命（一九一七）からソ連崩壊（一九九一）に至る過程が、新たに解明されはじめた。なかでもロシア革命後のソ連政治を担《にな》った政治家たち、とくにスターリンを支えたり、反対したりして粛清された共産党幹部たちのプロフィルもしだいに浮かび上がってきている。本章で試みるのは、代表的なスターリンの党官僚であったモロトフを通じて、ソビエト史のはじまりを素描することである。

　ロシアで一九一七年に革命が起こった理由とは、それが旧体制を崩壊させる過程で、農民の膨大な不満を表面化させ、基本的には伝統主義的な制度を皮肉にもよみがえらせたからであった。つまり、個人主義やリベラリズムとは無縁な共同体の復活や農民の反乱が生まれたのである。

　首都でこのことを理解し得たのはまったく少数派のボリシェビキ党であったが、彼らはそれまでの社会民主主義的な革命論を棄てて、レーニンのもとでこの運動に呼応する急進的な権力奪取を展開した。しかし農民運動のベクトルと確立した革命権力のそれとは、その後決定的な対立を生み出すことになった。戦時共産主義（一九一八〜二一）末期の農民反乱はその現れであった。

革命運動への関与

弱冠一五歳の一人の青年が革命運動に関与しはじめたのは、一九〇五年日露戦争の後、帝政ロシアにつかの間の民主化が訪れた時期であった。この青年こそが、一九三〇年代のソ連の首相（正確には人民委員会議議長だが首相と略）で、三九年から外相を兼務し、スターリンの側近として党内でナンバー2であったビャチェスラフ・モロトフのことである。「一九〇五年を指導した、あごひげの古参ボリシェビキに自分は入らない」と言い、モロトフ自身も自分が革命には遅れてきた青年であったことを自認していた（4:179）。

このボリシェビキとは、ロシア社会民主労働党のなかでウラジーミル・レーニンが率《ひき》いた分派のことである。モロトフはこの指導者よりも二〇歳、そして彼の生涯に影響を与えたスターリンより一一歳若い。もっともスターリンは、公式的には一八七九年一二月二一日生まれだが、実際は七八年一二月六日であるので、一二歳違いである（『党中央委員会通報』一九九〇年一一月号）。

ビヤトカという土地

モロトフという名前はハンマーを意味する党内の仮名《かめい》であって、本名はスクリャービン、ボルガ沿岸のビヤトカ県（現在のキーロフ州）ノリンスク市（一九四〇〜五七年はモロトフスク）クハルカ村の出身である。父ミハイルは領地管理人、母アンナの父の名前はネボガチコフ（貧乏人の意）というが、実際は裕福な商人だったというからプロレタリア出身というにはほど遠い。

ロシア人ではあるけれども、スクリャービンという姓は、チュルク語でソクール・ベイ、つまり「目の見えない人」を意味するという（A・ハリコフの『ブルガール・タタール起源のロシア姓五〇〇』）。音楽家アレクサンドル・スクリャービンとは直接の関係はない。

このビヤトカという土地については、本書原本では注意をむけなかったが、実はロシア史上重要な土地である。自由で開放的な雰囲気があったこの地から出た先輩革命家としては、共産党の右派で、レーニン首相の後継者A・ルイコフ（一八八一〜一九三八。モロトフが一九三〇年末に交代するまで首相だった）、また一九三四年に暗殺された党書記のセルゲイ・キーロフ（一八八六〜一九三四）もいる。モロトフとルイコフとは、奇《く》しくも同じクハルカ村生まれ、しかも隣同士であった。

それにしても、レーニンなき後の首相職を務めることになった二人の革命家が同じ村の出身だというのは偶然なのだろうか？　もちろん革命という政治経験のなかでは、それまでの党派や地下活動などを通じた親密で隠微な人脈やネットワークが働くことは大いにありうることではある。

しかし、この二人については、それだけではないようだ。「母なる」ボルガ川の歴史を少し調べてみると、この地がロシア宗教史上最大の論争である一六六六年のニーコン改革に反対した異端派とされた古儀式派教徒が流されたり、逃亡したりした地であることがわかる。

この古儀式派は最近注目を集めるようになったが、ロシア帝国（一七二一～一九一七）以前の「聖なるルーシ」という伝統的正教の信奉者であった。しかし一六五〇年代以降ニーコン総主教などの当局が近代化をめざし、カトリックとの和解をめざす儀式改革を図ったことに抵抗して弾圧された。古儀式派の信者は、モスクワを「第三のローマ」と信じ、「帝国」やその新首都サンクト・ペテルブルクを「アンチ・クリスト」と見なした。ラスコリニキ（分裂主義者）とも呼ばれた。ちなみに、首都で殺人を犯すラスコリニコフという名の主人公を扱ったドストエフスキーの『罪と罰』は、実はこの宗教分裂（一六六六）三〇〇周年記念出版という隠れた意味があるのである。

一七世紀から一八世紀にかけて、ビヤトカの地はロシア正教の異端である古儀式派が追放されたり、また逃れてきたりした地であった。ちょうどウラルからシベリアへと至る交通の要路にもあたる。古くはこの地に一八三〇年代半ばに流された政治犯で改革派思想家にアレクサンドル・ゲルツェンがいる。ゲルツェンはナロードニキの源流となる革命派であった。本人は無神論者でもあったが、この地で古儀式派にあっている。彼の『ロシアにおける革命思想の発達について』は、古儀式派の反体制的役割に注目している。釈放後短期だが、古儀式派担当としてこの地で勤務した経験もあったからだ。その後ロンドンでロシア帝国に対する反対運動を始めた時、古儀式派と革命派とが提携することを構想した。

そのような土地柄であるから、多くの反逆の政治家が輩出したのは偶然ではない。先に指摘したように首相レーニンの後継者ルイコフ（在位一九二四〜三〇）とモロトフ（在位一九三〇〜四一）が、ビヤトカの出身で、三軒隣であったことが知られるようになったのはソ連崩壊前後であった（109:13）。引退後モロトフが作家チューエフを相手にした対話で、この地についてこう語っている。

我々はビヤトカ人だ。父は領地管理人（コノトーリシチク）、母は豊かな家族だった。商人の出であった。その家族もよく覚えているが、豊かだった。姓はネボガチコフといった……。私はビヤトカの人間だ、私の郷里ビヤトカを知らない？　ルイコフ（ソ連の二代目首相、右派共産党）も、キーロフもビヤトカ県から出た。ルイコフとは同じ村から、つまり二人も首相が出た……（4a:178）。

この記述の通り、モロトフの母方の祖父、ヤコフ・エフセービッチ・ネボガチコフは、同地のクハルカ村で生まれた古儀式派の工場主であって、姓こそネ・ボガト、つまり貧乏人というが、実際は富裕な商人＝産業家であって汽船まで所有していた。実際このクハルカ村は、古儀式派教徒の多い村だった。そしてこの村こそ一九一八年、ソビエト市へと最初に改称することになる。父方のスクリャービン家も首都（ペトログラード）の古儀式派系といわれる（塚田力氏の教示）。父のミハイルは農奴出身だが、信仰深い人物だった。

それだけではない。祖父のノリンスクのタバコ工場で働いた流刑人には非常委員会（ＮＫ

VD）の初代議長となるフェリックス・ゼルジンスキー（一八七七〜一九二六）がいる。彼はこの流刑地で、モロトフの祖父の経営する工場で働き、この地で古儀式派、その後党員ともなるレールモントフの研究者、マルガリータ・ニコラエバと一時結婚している。ゼルジンスキーはソ連政権初期の非常委員会という革命防衛機構のトップとなり、レーニン死後は彼の遺体保存の廟《びょう》にも肯定的であり、ルイコフら右派と組んでレーニン死後の新経済政策《ネップ》（NEP）の「右派的」路線を進めたことが知られている。

またクレムリンの守護隊長となったマリコフもこの村の生まれである。「モスクワは第三のローマ」と信じるこの派の宗教政治観からは、その聖都の象徴クレムリンを擁護することは革命を防衛することと同義であった。スターリンの補佐官だったアレクサンドル・ポスクリョビシェフ（一八九一〜一九六五）もビヤトカ生まれである。もっともモロトフと同様無神論者で、遠縁だった（109:13）。スターリン、そしてモロトフの権力中枢は意外に狭い世界であったが、この古儀式派系のネットワークが重要な役割を果たした。

なかでもこの村から近いウリュジュムで生まれ育った人物にレニングラード党第一書記だったセルゲイ・キーロフがいる。スターリンの統治が危機になりかけた一九三〇年代初め、スターリンの対抗馬として書記長にも擬されたが、三四年一二月に暗殺された。筆者自身、キーロフの両親が古儀式派であるという風聞を調査に同地に出かけた。キーロフ博物館で行った古儀式派長老へのインタビューでは（二〇一二年九月一四日）、証拠はまだ見つかっていないとのことだ。

キーロフがロシアで人気ある政治家であったのは偶然ではないだろう。また彼は一九〇五年には革命派であったが、一七年十月革命に対しては批判的なジャーナリストでもあった。古儀式派の多くは、一九〇五年革命と二月革命には熱心だったが、十月革命に対する態度は両義的でもあった。

ちなみにキーロフは、古儀式派にとって「アンチ・クリスト」の町だったサンクト・ペテルブルク、つまり宗教敵ピョートル大帝の町をレニングラードに呼称変更した時のトップだった。古儀式派からすれば、この改名には「アンチ・クリスト」=ピョートルの呼称を地図から抹殺する意味があった。

このようにビヤトカは古儀式派の拠点であり、そこからソビエト権力への支持勢力が育ったのは偶然ではない。彼らからすれば「第三のローマ」であるモスクワのクレムリンこそ「正しい」権力の中心であったのだ。

正教におけるプロテスタントともいえる古儀式派は、持ち前の禁欲主義で二〇世紀初めまでに膨大な資本を蓄積、モスクワやボルガ川を拠点に政治的・経済的権力を持ちはじめていた。当時の繊維工業のほとんどが彼らの影響下にあった。このこともあって、日露戦争（一九〇四～〇五）までには無視できない勢力となっていた。

とくに、このロシア帝国が新興日本とぶつかった日露戦争では、コサック兵（コサックとは、騎馬を得意とする軍事的身分）など古儀式派も多く動員された。満州の野で亡くなった古儀式派兵は帝国から差別され、従軍司祭にも無視されたことは、とくに古儀式派の拠点モスクワやイワノボ・ボズネセンスクでの同派の激怒をかった。

とくに最初にソビエトが出現したモスクワ近郊の工業都市イワノボ・ボズネセンスクは、実際一九〇八年の人口調査では三分の二が古儀式派信者だった。二〇世紀初めにこの地で活躍したのは古儀式派の工場主ドミトリー・ブーリリン（一八五二〜一九二四）である。

とくに首都モスクワの古儀式派の大資本家で長老サッバ・モロゾフは、一九〇五年には革命派ではなかったものの、当時レーニンらに寄付をしている。レーニンは無神論者であったが、「イスクラ」という社会民主主義の新聞は、実際は古儀式派の寄付からなっていた。実際「イスクラ」編集長だったポトレソフの党名が「古信仰」であったことも注目できる。彼は同じ社会民主主義でもレーニン系のボリシェビキではなくメンシェビキだった。

そのころプロレタリア作家ゴーリキーをはじめ、多くの革命支持者もまた宗教を重視した。多くの労働者が福音書を掲げてソビエト革命に参加していたことは、「宗教は阿片」であるとしたソ連期の歴史では完全に無視されてきたが、実際はロシアの古儀式派工場主も、労働者もともに異端的宗教を基盤として宗教敵に抵抗しはじめたのである。一九〇五年の日露戦争後、イワノボ・ボズネセンスクに最初にあらわれたソビエトの起源は、宗教、とくに教会を禁止された古儀式派の無司祭派ネットワークにあったというべきだろう（106）。

二〇世紀初めにこうして急速に台頭した革命運動内での宗教的反対派をどう理解し、対応すべきか？　当時ドイツのマルクス主義者の大御所カウツキーまでもが『キリスト教の起源』について執筆するほどだったが、ボリシェビキ党内でも、原理主義的無神論者のレーニンらに対し、宗教との対話を主張する建神論の潮流が台頭していた。

このこともあってかボリシェビキ党内で、宗教をめぐって対立が起きた。無神論者レーニンらと、信仰を持つ労働者を取り込むべきだという「建神論」派のゴーリキーやルナチャルスキーらとが激突した。後者はいわばキリスト教社会主義をめざしたといえよう。この対立の場となった一九〇九年の「プロレタリア紙」編集会議にはモロトフ自身は参加していない。

もっとも若きモロトフが宗教、とくに古儀式派の革命的役割といったゲルツェンのテーゼをどう理解したかは不明である。ちなみに一九〇三年の党大会でレーニンの秘書を兼ねた古儀式派専門家のボンチ＝ブルエビッチは、このころの古儀式派の人数を二〇〇〇万人と見積もっていた。工業労働者の数は二月革命時に三四〇万人程度であったから、古儀式派の潜在力がいかに大きかったかがわかるだろう。

なかでも革命の拠点カザン（現タタールスタン共和国）でモロトフを革命運動に引き込んだのは古儀式派大商人の息子で一歳年上の革命家でもあったビクトル・チホミロフであった。商人とは実際には企業家のことである。モロトフはその意味ではやや遅れてきた青年であった。運動が退潮しはじめる一九〇六年の夏以降、ビヤトカに近い大都市、カザンでジャージャ（伯父）やアンドレイの偽名で学生運動、ボリシェビキ党に加わり頭角を現した。一九〇九年には、逮捕されボログダに送られた。この時カザンの官憲を通じて逮捕ではなく国外追放を願った「ノリンスクの町人スクリャービン」らの請願を、当局は拒否している。

流刑後モロトフはペテルブルク高等専門学校に入る。そこで「社会民主労働党宣言」（一八九八）の執筆者でもあったピョートル・ストルーベの講義も聞いている。もっとも彼は合法マルクス主義者から当時はリベラル派に転じていた。しかし左派的なモロトフ本人は、一九一二年に創刊されたボリシェビキ党の機関紙「プラウダ紙」に編集部書記としてかかわる。実は同紙は先輩格のチホミロフが父親の遺産をもとに指導者レーニンを説いて作った新聞であった。彼との関係もあって「プラウダ紙」編集にモロトフが加わった。同時に党中央委員会からスターリンも入った（112:98）。このころはP―Aやミハイロフといった筆名もあったが、アンドレイとかモロトフという筆名も使いはじめた。ちなみにモロトフという名は革命家としての先輩パルブスが使った偽名でもあった（8:30）。当時首都で学生運動を組織していたが、そのなかには「貧農新聞」のニコライ・スミルノフ、「ボリシェビク」編集長として右派に近かったA・ステツキー（一八九六～一九三八）らもいた。

これらモロトフの生涯の前半にかんするもっとも詳しい伝記的記録としては、バトラークなる著者が一九三三年に執筆した手稿があり、ソ連崩壊後、政治局史料から機密解除された(8)。ちなみにそのころ「プラウダ紙」編集にかかわったモロトフは、同じ印刷局から出ているトロツキーがかかわったメンシェビキ派の「ルチ（光）」とよく論争していたという。そのころ首都ではボリシェビキ党から非公式に中央委員のスベルドロフとスターリンがやってきて組織を指導していた。

第一次世界大戦（一九一四～一八）がはじまる以前から、モロトフの党活動は非公然であった。これによると一九一四年末にシリャプニコフやチホミロフ、モロトフらが指導的活動組織「一九一五年ボリシェビキ集団」を作るが、これがボリシェビキ党中央の国内センターだった。この三名はいずれも古儀式派の出身である。しかし、スイスの在外センターのレーニンなどとの関係も途切れがちで、モロトフ自身も抑圧もあって逮捕された。翌一九一六年秋には、モロトフ自身はシベリアから首都へ戻る。同年一〇月に中央から派遣され全権を握るシリャプニコフも首都ペトログラードに帰還した。同年一一月に党中央の国内での活動が再開され、翌一九一七年二月、つまりロシア革命が生じた時、このふたりにザルツキーを加えた党中央委員会（ロシア・ビューロー）が指導部としてあった。ザルツキーはペトログラード組織を担当、他方モロトフはこのころ「ブラト（兄弟）」というあだ名で活動していた。モロトフの担当は文献印刷、つまり機関紙発行であった。もっとも金もなく、ようやく情報通知紙を出せた程度であったと、シリャプニコフは『一九一七年』で回想している。ちなみに当時の国内の最高指導者シリャプニコフもまたモロトフ同様、両親が古儀式派であった。シリャプニコフは、一九二〇年代初めの党内闘争で労働者反対派の指導者となり、中央指導部と対立して、三七年には銃殺される。かつて支援を受けたモロトフだが、彼の助命は拒否した。

予期せぬ革命

第一次世界大戦という総力戦の試練に、帝政ロシアは耐えられなかった。女性労働者のパンの要求から始まった二月革命（一九一七）で帝国は崩壊してしまう。歴史の必然を信じたボリシェビキだが、この革命は党の活動とは無関係に始まった。きっかけとなった一九一七年二月二三日（現在の暦では三月八日）の国際婦人デーの当日、モロトフらはビラすらも準備していなかった。そもそも四六歳だった指導者レーニンも一ヵ月前亡命先のスイスで、「我々老人は革命まで生きられない」と言ったばかりだった。

一九一七年の二月革命時、党中央（ビューロー）の最初の宣言は臨時革命政府の創設であって、レーニンのようなソビエト権力と社会主義革命の路線ではまだなかった。二月二三〜二八日の革命の日々、シリャプニコフとモロトフとが党組織を指導した。ソビエトの活動も活発化した。作家マクシム・ゴーリキーもボリシェビキ党に協力的で、部屋まで貸したほどだった。二月革命後しばらくの間は、首都の党指導を、三月一〇日ごろに戻ってきたスターリンとカーメネフがとったが、その路線はあくまでも臨時政府への「条件付き支持」であった。当時モロトフ青年が考えていたのはブルジョワとの闘争であって、「プラウダ紙」の再刊であった。指導部のなかで、臨時政府は反革命だと早々と言いきったモロトフはより急進的であったため、しばらくはずされた（3:129）。

だがレーニンはよく知られた封印列車で一九一七年四月三日にスイスから首都ペトログラード（現サンクト・ペテルブルク）のフィンランド駅に戻ると、四月テーゼを公表した。「全権力をソビエトへ」とソビエトに依拠した社会主義革命と権力奪取を主張して、カーメネフら穏健幹部たちを驚かせた。メシコフスキーなどのような古参ボリシェビキらは、遅れたロシアにとっては民主主義革命のほうが優先課題だとして、このレーニンの急旋回には党内外で多大な抵抗があった。亡命先から帰国したレーニンはモロトフにはじめて会うのだが、レーニンも革命がどうなるかは知らなかったと断定している（4:177）。しかし、四月半ばの党内論争でレーニンが勝利、これ以降、党もまた急進化する。

ちなみにスターリンとモロトフの関係は四〇年以上のものになった。モロトフは革命時のスターリンには批判的であり、それを本人にも伝えていた。たとえば、レーニンが帰国するまで、スターリンがなぜソビエト革命を支持しなかったのか、その時の論文をなぜ著作集に掲載したのかについて、問いただしたという。この点では、モロトフはよりレーニンに近かった。

逆に言えば、なぜレーニンは党内の合意を破ってまで、未知の革命的な路線を推進したのか？　ちなみに最後の共産党書記長ゴルバチョフも一九九七年に、「一七年革命が二月民主主義革命の段階でとどまっていればよかった」と言ったが、なぜ事態は十月革命へと急進化したのか？

この問題に新たな視点を与えるのは、英国のロシア史の専門家ファイジスである（『ロシア・レビュー』一九九七年七号）。彼によれば、二月革命後、ケレンスキー首相ら臨時政府関係者の言葉は、民主主義、共和国、憲法、自由、革命といったように、非常に抽象的で難しく、農民や兵士にはまったく理解されなかったと指摘している。農民はボリシェビキを、ボリシャキ、つまり「戸主」とか「大きい人」として理解したという。

これに対して、とくにレーニンの言葉はどうか？　この革命時、特派員であった英国の児童文学者でありロシアの昔話の研究者でもあったA・ランサムは、ロシア語を理解したが、「二月革命では兵士たちが農民歌を合唱して行進した」と記録している。彼は、二月と一〇月に革命が起きると予言したが、これは食糧不足が顕著だったからである。なかでも彼はレーニンについて、こう語っている（『アーサー・ランサム自伝』）。

彼にとっては世界革命理論を、ボルガ流域の農民言葉で話すことはごく自然なことであった……。彼が口にすると政治論も、彼の演説の特徴となっている農民の諺《ことわざ》と少しも不釣り合いでなかった。

モロトフも、レーニンは地方的雰囲気が好きだったと指摘している（4:177）。

「存在しない階級の前衛党」が権力を握った

ロシア革命が労働者革命というのは神話に等しい。一九一三年ロシアの人口は一億六九〇〇万人であったが、一七年の工業労働者はせいぜい三四〇〇万人、つまり二パーセントでしかなかった。しかも戦時中の「労働者」は、実態的には女性と子供であった。首都ペトログラード（現サンクト・ペテルブルク）の労働者ですら、都市出身者はせいぜい二割、残りは農民であった。つまり労働者もほとんどいないところで「プロレタリア権力」が生じたのである。ランサムのように早くからソビエト権力の重要性を疑わなかった者がいたが、それは首都の帰趨《きすう》を決める兵士が元来農民だったからである。ジノビエフは自嘲気味に言ったことがあるが、「存在しない階級の前衛党」が権力を握ったわけである。

一九一七年、レーニンの急進化を支えたのは労働者の革命というより、兵士たちの反戦気分であったが、その兵士とはもともとは農民たちであった。革命とは崩壊である。旧体制が崩壊するなか、農民たちは土地の均等配分・共同所有、土地利用での平等といった伝統的要求を革命的に進めた。農民革命はこの点で「社会主義」と接点をもち、結果的にはレーニンが進めた首都の急進的な革命を支えた。「一人はみんなのために、みんなは一人のために」というレーニンの言葉こそ、ロシア共同体の諺でもあった。

ボリシェビキは、農民のキリスト教信仰にも訴えた。ある党員は、社会主義を同胞愛、平等、そして自由というキリスト教の王国にたとえたとファイジスも言う。こうした農民革命の急進化が、ソビエト革命を主張したレーニンを支えた。当時、革命をうたったA・ブロークの「十二」やベールイの詩もキリストをモチーフとしていた。

ソビエトという組織は何か？　どこから生まれたのか？　これまでのソ連学からは回答がなかったが、実は教会を持てなかった古儀式派、とくに無司祭派の環境から生まれたという議論は重要である（106）。スターリンが一九一七年七月の第六回党大会で、ソビエトは純ロシア組織であるといった。この発言はこの制度が古いロシアと関係し、古儀式派と同根であることを間接的に認めたことになる。事実、同派の影響が少なかったウクライナではソビエトではなく、ラーダという議会ができたのである。もっともドンやルガンスクにはソビエトができたが、ここも古儀式派地域であって、のちに国家元首となる若き日のボロシーロフらがいた。

二月革命は実は古儀式派の影響力を示した革命でもあった。臨時政府のミリューコフ外相、グチコフ陸海軍相らが中心となって政府を作った。なかでも日露戦争で台頭した「十月党（十月十七日同盟）」の指導者グチコフ自身は古儀式派の無司祭派の重鎮で工業界の大物でもあった。彼自身は宗教上の立場より、現実政治では柔軟であった。フリーメーソンでもある彼は、実際には宮廷クーデターのような政権交代を図ろうとした。しかし二月革命で帝政は倒れ、共和制となった。反戦気分が横溢するなかでの祖国防衛という方針は急進化したソビエト、とくに農民兵たちを満足させなかった。このためグチコフは四月には辞任し、兵士ソビエトはいっそう急進化した。

こうしたなかで四月にドイツ参謀本部の仕立てた列車で帰国したレーニンは、首都のフィンランド駅での演説で著名な四月テーゼを提示、即刻社会主義権力をめざし、プロレタリアートによる権力奪取を主張する。なかでもレーニンは党内で誰も考えなかった「全権力をソビエトへ」を提起、その他のボリシェビキ党指導者を驚かせた。

もっともレーニン派は武装デモを敢行した一九一七年の七月事件以降、ソビエト権力論をおろし、指導部は地下に潜行した。あらたにケレンスキーを首班とする政府は「プラウダ紙」を閉鎖する。八月の党大会でモロトフは、「全権力をソビエトへという、平和的な権力掌握の時期は去った」と言った。この間権力は崩壊し、コルニロフ将軍のクーデターは反動派と急進派との対立を深めた。レーニンはあくまで社会主義革命を求め、政権が弱体化した秋に首都に戻ると、党の指導部に武装蜂起を望んだ。モロトフらはブルジョワによってソビエトは堕落させられ、反革命化したとソビエトを軽視した。もっともモスクワ・ソビエトでは繊維労働者が穏健路線を望み、古儀式派系の党員ノギンらソビエト指導者も慎重であった。

党内でもジノビエフら古参幹部は権力奪取に根強く反対した。一九一七年一〇月半ばペトログラードの党中央委員会も慎重であった。急進派のモロトフはむしろ武装蜂起を主張し、それだけでなく極秘裏に準備をした。だが党中央委員会はこれを知らなかった。しかしモロトフらは「反革命機関の速やかな根絶と革命機関の樹立のための攻勢」を主張し、これが採択された。革命防衛を口実にペトログラード・ソビエトの革命軍事委員会ができた。宣伝・扇動活動はモロトフの役割だった。モロトフも「全権力をソビエトへ」というスローガンを再び掲げた。もっともその本音は武装蜂起であった。

こうして第二回全ロシア・ソビエト大会（一〇月二五～二七日）にあわせて、一〇月二五～二六日（今の暦で一一月七～八日）、ボリシェビキ党の武装組織、革命軍事委員会が冬宮でケレンスキー首相ら臨時政府の閣僚を逮捕し、権力掌握を強行した。ソビエト大会は、権力奪取とソビエト権力の宣言をした。

首都革命は成功した。もっともこれがクーデターであったのか、それとも革命であったのか、後者であったらどのような意味があったのか、際限ない論争が続けられてきた。当時マルクス主義の大御所プレハノフも、権力掌握を激しく批判し、プロレタリア作家であり建神論派としてレーニンとぶつかったゴーリキーは、民主主義にたいする恥ずべき行為、プロレタリア革命の死滅だと批判した。ボリシェビキ党指導部ですら、ジノビエフ、ルイコフなど古参革命家も、権力奪取に反対していた。

では別の選択肢はあったのか？　メンシェビキ左派とボリシェビキの蜂起反対派などが唱えた社会主義諸派連合の政府から、一九一八年一月の憲法制定会議といった別の権力構想が存在していた。

アルカイックな革命

そもそもソビエトとは一体何か？　ソビエトとは、「協議会」とか「会議」という意味であるが、これが最初に生まれたのは一九〇五年、繊維工業の中心地イワノボ・ボズネセンスクであった。この県では労働者の九割が実はもと分与地農民であり、しかもほとんどが非熟練労働者であったが、このような農民的労働者が急進化する理由を、エクゼムプリャルスキーはこう書いている（『イワノボ・ボズネセンスクの一九〇五年』一九二五）。

単一の工場にきちんと恒常的に維持できないことが、労働者の主人にたいする過剰な服従と従属をもたらし、このため容易に階級的自己意識と階級利益が浸透する。

つまり農民的労働者と家父長的経営者との対立、前近代的な雇用関係が、大衆の革命意識をもたらし、これがソビエトのなかで高かったボリシェビキの人気を支えていた。「スホード」という言葉がある。足でいける距離の集会という意味である。馬で出かける集会（「スィエズド」。大会）とは区別される。このようなスホードのある共同体が、旧来の秩序の崩壊に際し、自らを守る組織を支えたのだ。革命情勢のなかで生じた地域・工場での大衆組織であるが、このことが実は、意外な潜在力をボリシェビキ党に与えたのである。

ソビエトこそ、農民にとって身近な地元権力とみなされた。ソビエトとはレーニンが夢想したパリ・コンミューンの再現というよりも、むしろ伝統的農村の自治機関の機能が変容したものであった。ソビエトが現れたのもロシアか、せいぜい現在の東ウクライナに限られたし、伝統秩序と権力の崩壊に際して、自然発生的にできあがったのである。シベリアの歴史家アヒエゼルはこれを「伝統主義の急進化」（『ロシア・歴史的経験の批判』一九九七）と呼び、現代ロシアの政治学者オボロンスキーも、一九一七年に生じたのは急進派の衣装をまとった反改革派の勝利、つまりは「アルカイックな革命」であったと指摘する（54）。

つまりそれまでの一〇年ほどストルイピンなど開明派権力が進めてきた個人農創出にたいする、共同体からの反撃であった。ロシア農村の伝統的共同体は、二〇世紀初めまでに死にかけたと思われたが、しかし一九一七年革命のなかで、逆説的にも蘇生《そせい》をみた。

このソビエトに最初に注目したのがレーニンである。むしろ非正統的なマルクス主義者であったレーニンは、ボルガの英雄ステンカ・ラージン（一六三〇～七一）の流れを継いでいると言えるだろう。多くの伝統的な社会民主主義者からみればほとんど戯言《ざれごと》にしかみえなかった、「全権力をソビエトへ」という一九一七年四月テーゼの考えはこうしてできた。ちなみにレーニンが、農民反乱の父ステンカ・ラージンの記念碑建立を祝うのは一九一九年のメーデーである。

一九一七年と一九九一年

革命は既成秩序からはずれた異質なものどうしを瞬時に媒介する。もっとも西欧派的な急進派の潮流が、レーニンを媒介にして、革命化した伝統的農村と融合する。「ボリシェビキによるソビエト権力」というスローガンは、地域での分散主義的な運動に棹《さお》さすことで、革命の潜在力を示した。モロトフも、それまでほとんど知られていなかったレーニンが、一九一七年の後半瞬《またた》く間《ま》に、党だけでなくすべての層に人気のある政治家となり、一八年までにはほぼ無血の蜂起を成功させたと語っているのは、その意味では正当であろう（4a:239）。

崩壊する旧秩序、分極化する社会、ひ弱な穏健改革派指導部、地方の革命的自立、これに反発する保守派クーデターの切迫、新しい革命派、とくに指導者の人気……。

一九一七年の政治過程は、九一年ソ連崩壊の過程とそっくりではないか、すくなくとも政治力学に関する限りは。いな、「工場を労働者に、土地を農民に」と言ったのは一九一七年のボリシェビキであり、九一年革命のイデオローグであるG・ポポフであった。レーニンは革命の鍵を握る農民に土地を一時与えたが、エリツィンは管理者階級としてのノメンクラトゥーラに所有物を与えることになった。

　このように都市工業労働者という本来の社会的支持基盤を持たない少数党が権力を握ることができたのは、レーニンが農民をつかんだからであった。モロトフによれば、レーニンの力とはマルクスにも見いだせなかった農民への接近法を持ったことである。レーニンは「農民を捕まえた」(4:234)のである。レーニンが十月革命時の最初の「土地」の布告で、農民に土地を与える左派エスエル（社会主義者・革命家党）の社会化構想に簡単に乗り換えたことを、一部の正統な党員はまったく理解できなかったと答えている。それまで農村にほとんど根拠がなかった彼らがソビエトをテコに支持を得た根拠は、農村で起きていた過程、つまり共同体的地域主義の復活、権力分散の過程を彼らが支持していたからである。

　レーニンのソビエト革命論は、ロシア的文脈のなかで理解され、巨大な潜在力につながった。彼はそれまで支持した憲法制定会議を一九一八年一月に解散、農民ソビエトを労兵ソビエトと合流させた。こうしてソビエト権力の基盤は広がった。レーニンはソビエト政府の樹立を急いだ。ソビエト大会の執行委員会議長には、一九一九年から、党内では例外的に農民出身の革命家カリーニンがなった。彼はモスクワ・ソビエトの指導者ノギンと同様、古儀式派の環境（トベーリ）から出た革命家だった。ちなみにソビエト国家元首を意味するこの職務には彼の死後（一九四六年）には、ニコライ・シュベルニク（〜一九五三年）、その後クリメント・ボロシーロフ（一九五三〜六〇年）と、いずれも古儀式派系であった。

　また十月革命に協力した旧軍幹部にレーニンの秘書で最初のソビエト権力の官房長官ボン

チ＝ブルエビッチの兄ミハイルがいる。赤い将軍と呼ばれ、古儀式派研究者でもある弟と組んで、古儀式派的に言えば「第三のローマ」であるモスクワへの遷都を推進した。革命兵士の多くは古儀式派系の影響下の兵士だった。実際、詩人A・ブロークが、十月革命で兵士が「イエス・キリスト」のもとに向かうとうたった詩「十二」はこの時の心象をうたったものだ。そこにおけるイエスのロシア語表記とは、正統派の Iisus ではなく、古儀式派の伝統にならった Isus であった。つまりブロークのいう革命的農民兵士とは実は古儀式派的な兵士のことであった。労働者なるものの実像はこのような農民的・古儀式派的要素と親近性があった。

二重権力

革命とは崩壊である。旧来の秩序が解体する過程で起きる現象である。レーニンは一九一八年半ばまでは、この遠心力的潮流に乗って権力となった。しかしソビエトを支持する農民と革命権力との同床異夢《どうしょういむ》もここまでだった。

革命最大の逆説とは、どのようなユートピアに媒介されようとも革命権力は権力となったらその固有のロジックをたどることである。それまでの支持層との別れと対立は不可避でもある。

革命においては、その出自からして孤立した地方権力でしかないソビエトを絶対化することになる。革命の結果、ボリシェビキ権力の支配地域は限られた。ウラル、ウクライナ、極東共和国だけでなく、モスクワ州までが独立を掲げたように、崩壊と分裂とが広がった。

　ボリシェビキ党が共産党となり、権力として自己を組織化する一九一八年春以降、革命権力とその支持基盤のベクトルは大きく異なった。レーニンは、一九一七年の臨時政府とソビエトとの関係を二重権力と呼んだが、一八年半ば以降は、ボリシェビキ党とソビエトとの二重権力すら顕著になりはじめた。モロトフの回想を引けば、「すでにレーニン時代に権力を一人に集中するため、ソビエト権力は矮小化《わいしょうか》された」のである（4:186）。

　こうしたなか権力掌握の四日後、ペトログラード委員会でモロトフは以下のように発言した。


　ソビエトだけが支配できる……。だがソビエトの多数派はボリシェビキだ、それも政党としてのボリシェビキでなく、人民の多数派の代表として、である（8:198）。


　このモロトフの指摘は二つのことを示している。第一に、権力掌握は端的にボリシェビキ党の権力奪取であったこと、第二に、一定の社会的支持はその段階にはあったということである。

　しかし、モロトフも指摘するように、ボリシェビキ党は権力奪取を正当化するために、ソビエトを利用したにすぎなかった。権力をとったのは党組織であって、ソビエトそのものではなかった。一九一八年三月、首都をモスクワに移すなか、第七回ロシア共産党と改称した党大会で、レーニンは、ソビエト権力をパリ・コンミューンに始まるプロレタリア権力と位置づけた。もっともソビエトはパリの革命的自治組織よりも、ロシアのはるかに古い、半宗教的制度であった。もっといえば真の勝利者とはボリシェビキ党だった。

この時レーニンは外国からの干渉を恐れ、首都をペトログラードからモスクワに替える。ホテル・ナツィオナーリなど中心の豪華アパートがソビエト政府によって接収され、党や赤軍の幹部が住むことになった。ピーテルと呼ばれた都市サンクト・ペテルブルクを反キリストとして憎んでいた古儀式派的世論からは「第三のローマ」への遷都は支持された（もっとも、ここに位置することになるのは「第三インターナショナル」という国際労働運動の中心であった）。

権力は、今や少数の指導者が統率する非常機関に集中しはじめ、他方で大衆組織ソビエトは空洞化した。権力にとって最大の関心事とはその持続に他ならない。このための組織化と制度化が課題となる。国家の崩壊と、都市の飢餓、外国の干渉とコルチャークら白軍との内戦の危機、こういったなかで、もはや空語はなかった。

市場の消滅＝社会主義のモデル

「国家は階級抑圧の機構である」と言うレーニンも、権力掌握後は一転し、結局は権力の組織化を強行した。内外の敵との闘争、都市革命権力の維持のため、農民からの兵士・食糧・馬の調達は不可避となった。

中央権力が赤軍を作り、税と穀物とを農村社会からとりはじめた一九一八年半ばからは、権力と農村、ソビエトとの和解の維持は終わった。逆に後半からは、ソビエトと共産党との闘争は熾烈《しれつ》を極めることになった。農民たちは、自己の本来の要求をたまたま支持した都市の革命権力を同盟軍と感じたにすぎなかった。だからこの同盟とは状況的で、いわば解除条件付きであった。インフレで信用なき通貨とひきかえに穀物を与える農民はいなかった。市場経済は消滅した。

穀物を農村から権力で奪うことが、「戦時共産主義」の課題となったのである。理論家ブハーリンらが、生産物交換と貨幣の消滅を『共産主義のＡＢＣ』のなかで展開した。世界中のコムニストに刷り込まれた「市場なき社会主義」というドグマはこの程度のものである。

都市は飢えた。レーニンら革命指導者は赤軍と都市を支えるため、穀物の予備を作る食糧独裁でもって応じた。一九一八年五月末以降、「貧農委員会」や「労働者食糧徴発隊」を地方ソビエトとは独立して切り離して作った。このような「農村の一〇月」を始めると、たちまちこの同盟はきびしい対決に変わった。ボリシェビキは三ヵ月で貧農委員会をやめ、一九一九年の第八回党大会で「中農との和解」を決議するしかなかった。

このころ首都はモスクワに移ったが、モロトフはピーテルのホテル・アストリアに陣取って、経済の立て直し、国民経済会議の運営、生産計画に従事した(8:206)。しかし、銀行の国有化で貨幣政策は危機に瀕《ひん》し、超インフレでほとんど機能しなかった。このためモロトフは農民などからの食糧調達のための「革命的手段」による摘発部隊を組織した。経済は解体しつつあったが「北部国民経済会議」支配下の工場や地区ソビエトの労働者を督促して調達を強要した。ソ連崩壊後にもそのような事態が生じ、物々交換すら生じるが、一九一八年が異なるのはそれが貨幣や市場なき「社会主義経済」のモデルとなったことである。モロトフはこの経験を当時「資本主義的暗愚から社会主義的自覚への移行」と絶賛した(同:210)。けれども、中央権力と地方の分離主義とが闘争する場合、ほとんどの場合、前者の勝利に終わる。世界革命を呼号するモスクワと、穀物や馬の死守をはかる地方権力の戦いでは、しょせん後者に勝ち目はなかった。農民が白軍の復活をおそれた以上、革命を守るしかなかった。

ブルジョワには牢獄を

権力が、最初に取り組んだのは赤軍や非常委員会といった軍事や強制力を組織化することであった。革命直後は旧軍が解体し、ボリシェビキが反軍活動を行っていた。権力には、一九一七年一〇月当時、わずかの赤衛軍という自警団程度の軍事力しかなかった。だがドイツとの講和が迫るなか、権力となったレーニンらは革命を守る軍隊を必要とした。

一九一八年二月、労農赤軍ができ、その初代陸海軍人民委員には、レーニンの盟友トロツキーが就《つ》いた。党内では、かつての「敵」に指揮をゆだねる正規軍形成より、パルチザン戦争や人民武装が好ましいという一九世紀の社会主義の理念からくる原理主義的な反対派が多かった。だが、レーニンとトロツキーはこうした左派的見解をはねのけて、旧軍幹部もとり入れて、常備軍としての赤軍を作った。もっとも旧軍の若手将校に党の政治委員をお目付け役としてつけるというやり方は、党の側にも、赤軍軍人の側にも不満が高じた。トロツキーへのこの反発をスターリンらはのちに利用する。

革命擁護のための実力機関としては、十月革命直後に内務人民委員部ができた。これは民警などを担当した。しかし激化する「反革命とサボタージュとの闘争」のため、一九一七年一二月末、政府の付属機関として非常委員会ができた。当初は連立政権であって農民革命を志向するエスエル（社会革命党）も加盟したが、彼らは一九一八年七月にレーニンに反対して蜂起し、自滅した。

この結果、革命ロシアが一党制国家になると、この非常委員会という機関は事実上、党の目となった。一九一八年九月、彼らは赤色テロ（革命政府が起こすテロ）を行使し、主要反対派関係者を拘束した。一九一九年には非常委員会は「直接党の機関」として作られ、活動すると中央委員会は呼びかけた。そのなかには「反革命」にたいする秘密部もでき、むき出しの暴力行使をもいとわなかった。

当初は「ブルジョワには牢獄を、労働者農民には同志的教育を」という初代議長ゼルジンスキーの階級原則があった。このため「階級敵」には政治犯向けの隔離施設、労働者農民の刑法犯には司法人民委員部管轄の施設となった。けれどもそれがどれだけ守られたかは疑わしい。ちなみに一九二二年には政治警察である統合国家保安部（ＯＧＰＵ）へと改組され、三四年に内務人民委員部となるまで続いた。一九二三年には悪名高いソロフキ収容所が、修道院があった極北の地にでき、すぐに肥大した（ちなみにそこは一七世紀末に古儀式派司祭が反乱を起こした場所である）。

だが、このような強力に武装する革命権力と農民社会とは隔絶した。ソ連崩壊後、内務人民委員部や非常委員会、そして軍事人民委員部の内部資料が公開されるようになってきた。このうち「国家情報要覧」は国家保安部の日刊資料でわずか三〇部ほど、レーニンら最高指導部のみに供せられた極秘資料である。それを読むと、一九一八年後半から急速に農民との関係が悪化するのがわかる。非常委員会の「反革命投機分子との闘争委員会週報」では、ペルミで反革命鎮圧後も、委員会側が闘争手段として「ブルジョワジーの代表」を人質に取っていた。

一九一八年秋、地方では農民の不満で赤軍兵士が集まらなかった。徴兵拒否は至るところにあったし、農民は赤軍との闘争に決起した。地方でも、「クラーク（農村の富裕層）や他党派関係者」は人民委員部の監視下におかれていた。一九二〇年、ペンザの非常委員会報告では、党の目の届かない場所では、「委員」が酔っぱらって、強姦や発砲する「犯罪」例が報告された。

こうしたなか、ソビエトが党・軍や非常機関によって機能を奪われ解体され、地方ソビエトは死滅・形骸化した。さもなければ、ソビエトは農民反乱の基盤となった。地方ソビエトなどでメンシェビキらが力を盛り返したところも少なくない。一九二〇年秋にかけて、ソビエトが旧地主、クラーク、官僚によって変質したという非常委員会の報告は多い。権力と農村の関係がいかに緊張したかを示した。

「プロレタリアートよ、馬に乗れ」への農民抵抗

農村での穀物調達と並んで農民の不満をかき立てたのは、赤軍のための馬の調達を行ったことであった。一九一八年二月から創設された赤軍は軍馬の義務調達を命じた。ブジョンヌイの騎馬軍団など赤軍の主力は、半ば強制的な調達によるものであった。この結果、一九二〇年末にかけて七〇万頭もの馬が調達されたが、これは第一次大戦期の一五〇万頭の半分にあたると歴史家オベチキンは指摘する（『歴史の諸問題』一九九九、八号）。「プロレタリアートよ、馬に乗れ」というトロツキーの指示は、馬を供出させられた農民の飢餓を生み、恨みを買ったのである。

こうして穀物や人力、馬の徴発は権力への不満を激化させた。この結果あらわれたのが一九二〇年前後の農村での共産党権力にたいする農民の武装反抗である。だが、これについて語るのはソ連時代タブーに近かった。ようやく一九八〇年代後半から、シベリア、ボルガ、ウクライナなどでの闘争の全貌があかるみに出た。農民らの要求とは「コムニスト（共産党）抜きのソビエト」と定式化された。

一九二〇年シベリアの農民抵抗に関するV・シーシキンの『シベリアのバンデヤ』『チュメニ農民反乱二一年』といった資料集は、主として白軍が敗北したあとに生じた農民抵抗という隠れた歴史を示している（70）。それはけっしてソビエト史学や宣伝《プロパガンダ》の言う「白軍」

でも、「クラーク反乱」でも、「匪賊《ひぞく》」でもなかった。チュメニなど西シベリアからカザフスタンにかけての、一九二一年春の農民蜂起には、アントノフ反乱（一九二〇）の四倍の一〇万人が参加した。これには赤軍が鎮圧に当たり、ほとんど「大きな軍事作戦」であったとシーシキンは指摘する。

蜂起の主な原因は食糧徴発への抵抗であった。シベリアは、「反革命派」が解体されたあとも、一九二一年初めのシベリア革命委員会のスミルノフからレーニン宛の報告にあるように、「戦時状態」であった。シーシキンはこの活動の政治的方向は反共産党であったと言いきっている。もっとも彼は、一部歴史家が主張するように、このようなアントノフや西シベリアなどがクロンシュタット反乱（一九二一）に合流すれば共産党権力を倒せたという説には賛成しない。

地方反乱はつねに地方的現象でしかなかったのである。ソ連期を通じて共産党に対抗する理念と組織を持ち合わせていた者はいなかった。ウクライナのマフノ運動（一九一八～二一）も、そのような農民運動であった。「マフノが白軍（復古軍）を引きつけなかったらソビエト権力はなくなる」とレーニンはモロトフに語った。それどころか、党が地下に潜るべく書類を処分する局面まであった（41:76）。

一九二一年三月、タンボフ、ボロネジ、ボルガ中流域、ドン、クバンなどの農村では「コムニスト抜きのソビエト」がスローガンとなる蜂起が広がりはじめ、二〇万人以上の農民が参加していた。実際、タンボフ県の権力に対するアントノフ反乱は二年続いた。赤軍への動員・教会抑圧・貧農委員会の組織・食糧の強制割り当てが、農民による反権力の理由であったと歴史家サゾノフは書いている（『歴史の諸問題』二〇〇一年四号）。水兵や農民を抑圧したのは、コンミューン権力の継承を語る権力だった。タンボフ県では、毒ガスまで使って、農民の「匪賊行為」を鎮圧した。もっとも農民の側も、党員を列車で轢《ひ》き殺すなど、暴力性においてすさまじいものがあった。一方で、人質となった子供が四五〇人も権力の手元に残った。あまり知られていないソ連史を貫く一つの制度、それは「子供の家」と呼ばれた孤児院である。

コサック反乱

ドン地域のコサックによる反乱で悲劇の主人公となった人物は、優れた軍人・革命家のボリシェビキ派のミローノフ将軍である。ちなみにコサックの多くが、古儀式派信者といわれる。一九世紀の宗教弾圧期にも当局は彼らの信仰を黙認していた。

一九七〇年代にユーリー・トリフォノフの小説『老人』などでも取り上げられたこの人物の資料が、九七年に出た『フィリップ・ミローノフ――一九一七～二一年の静かなるドン』である。ミローノフ将軍はコサックのなかで革命派につく。しかしこのことはコサックが革命の矛盾を引き受けることだった。上層部での闘争も、内戦期、とくにツァリツィンの戦いにおけるスターリンとの関係も、とくに共産党がすすめたコサック追放政策との関係でも、革命の矛盾がさらけ出された。

というのも農民やコサックの間では、ボリシェビクとコムニストとは別物として理解されたからであった。農民にとって、ボリシェビキとはツァーリ（皇帝）を追放し、土地を農民に与えた勢力であった。一方で、コムニストとは穀物をとりあげコサック追放を行う勢力であると理解された。

一九一九年、ミローノフ将軍は労農コサック党綱領を起草するが、これは一党、一階級による独裁を排し、非常委員会をやめ、かわって自由なソビエト・自由な発言・印刷・集会を目指すものであった。「ソビエト万歳、コムニストをやっつけろ」である。農村からの穀物調達についての官僚機構を廃止するという提案は、やがてネップ（新経済政策）の構想そのものとなる。しかしその考えが採択される一九二一年四月、ミローノフは獄中で非常委員会の手により射殺された。都市革命派と農民との同盟は終わっていたのだ。

なかでもよく知られているのは一九二一年三月、バルトのクロンシュタット軍港で、かつての仲間だった二万人弱の水兵が共産党権力に「党でなく、ソビエトに権力を」というスローガンで反旗を翻《ひるがえ》した危機（クロンシュタットの反乱）である。

ここでは、指導者タガンツェフなどの言明にあるように、反ソ的非合法組織や武装計画などは存在していなかったことを最新の資料集『クロンシュタットの悲劇――一九二一年』は物語る（37）。赤軍はこれを武力制圧した。その抑圧のために党から派遣されたのはシリャプニコフら古儀式派の多い労働者反対派の党員であった。武力制圧の完了した一九二一年三月一八日は、そのちょうど五〇年前にパリ・コンミューンが始まった日でもあった。

第二章　共産党とアパラチク（機関専従員）

ロシア革命が二〇世紀の世界政治にもたらしたものは、共産党というまったく新しい政治組織体である。共産党をめぐってグローバルなイデオロギー対立が生じた。なかでもスターリン、モロトフらは革命権力を支える党の官僚組織を当初は場当たり的に整備した。やがて分派禁止の動きのなかで党書記局が人事と資源を独占するようになり、政府やソビエトなどに対して、ソ連政治の中心機構となることになる。そこでノメンクラトゥーラといわれる人事を介したネットワークがあらわれ、権力を行使するようになる。

政党か？　国家か？

モロトフは内戦のさなかの一九一九年春、チフスに倒れ数週間療養した（8:207）。しかし原因は過労と病気だけではなかった。ペトログラードのボリシェビキ党指導者で、十月蜂起に反対したジノビエフと共産党が衝突していたのである。この結果モロトフは、党中央の指示もあってモスクワに向かった。ここからモロトフの共産党中央委員会での活動が本格化する。「アパラチク」と呼ばれた党機関専従員としての活動である。

共産党（以下党と略）とは何か？　十月革命後の一九一八年三月、形式的には社会民主労働党の一分派であったボリシェビキ党は、第七回大会でロシア共産党（ボリシェビキ）と改称した。やがて一九二五年には全連邦共産党（ボリシェビキ）、五二年にはソ連共産党と名乗るようになる。

一九一九年の第八回党大会で採択された党綱領は、社会民主主義から脱却し、「世界革命」から共産主義に飛躍するという、戦時共産主義と呼ばれた当時の高揚した雰囲気を定式化した。社会民主主義の第二インターナショナルに対抗する共産主義の第三インターナショナル、コミンテルン結成を呼びかけた（Communist International コミンテルンとは、共産主義インターナショナルの略称。大戦間期と第二次大戦半ばにかけて、国際的な共産主義運動の指導・統制のセンターのこと）。世界、とくに欧州の労働運動でも大分裂が生じた。

ある国家の歴史が、そのまま一つの「党」の歴史でもあるというのは、政党政治が自明となった二〇世紀でも特異といえる。ソ連という国家は、「新しいタイプの党」と呼ばれた共産党の意思を伝達・体現する存在でしかなかった。党あってのソビエト国家であったことは、一九九一年ソ連崩壊の展開過程が示している。党中央が解散した後わずか数ヵ月でソ連国家は歴史的呼称となったからである。ソ連共産党とは、政党だったのか、それともそれ自体国家機関だったのか？

超中央集権体制の誕生と共産党官僚

一九世紀末にできたロシア社会民主労働党から出た急進派指導者レーニンは、一九〇二年に『何をなすべきか』という冊子で、大衆政党よりも少数派の職業革命家からなる前衛党の創設を提唱した。このレーニンの党理論がエリート主義であり、個人独裁を招くという批判は当初からあった。民主的中央集権と呼ばれた組織観は、下級機関が上級機関決定に従属する超中央集権体制が生まれる理由となった。一九三二年にはスターリンを批判する綱領を密かに配付することになる共産党右派のリューチンも、民主主義原則はつねに「革命的合目的性」に従属すると言った（106:11:2:59）。

実際、権力についた党は、革命直後の数ヵ月、農民革命をめざす左派社会主義者・革命家党（エスエル）と連合した以外、権力を分与した経験はなかった。党内の右派を巻き込んだ全社会主義者による政府樹立という構想もまた一九一七年末には放棄され、一一もあったアナキスト集団や社会主義系諸政党ですら数ヵ月以内に解散させられた。共産党だけの一党制国家となった。軍が国家を所有すると言ったのはドイツ帝国の宰相ビスマルクであったが、このひそみに倣えばソ連では党が国家を所有したともいえる。

しかしこうした党権力が機能するには、神経系のように張り巡らしたネットワークで国家・経済と社会を制御する仕組みがなくては機能しない。社会主義社会は簡素化され、誰でも統治できるというソビエト革命の理念とは裏腹に、党と国家の関係は現実には複雑化した。その蝶番《ちょうつがい》にあたるのがアパラチク、つまり党官僚であった。軍事、外交から経済、穀物の調達に至る膨大な課題をかかえ、一九一九年の第八回党大会は、機構を整備せざるをえなかった。党中央委員会は政治局、組織局、さらにサービス部門として書記局を作ることになった。

なかでも政治問題を処理する最高の常設決定機関となったのは政治局である。一九一九年の政治局員には、レーニン(首相)、トロツキー(赤軍)、カーメネフ(モスクワ)、クレスチンスキー(財務)、そしてスターリン(民族担当)がなった。審議権しかない候補には、ブハーリン(「プラウダ紙」)、ジノビエフ(ペトログラード)、カリーニン(ソビエト)が入った。古儀式派系で農民出身のカリーニンは宥和《ゆうわ》に欠かせない人物であった。ちなみにモロトフは一九二一年から投票権がない候補として入った。

しかもこの時ソ連の政治体制を決する重要決定がなされた。それは政府である人民委員会議を最終決定機関にするという意見が拒否されたことである。なぜレーニンが主宰する人民委員会議が決定機関にならなかったのかは興味深い。一九一七年ロシア革命直後の最初に作られた人民委員会議は、議長(首相)になったレーニン派よりも穏健派党員が政府の中核を占めた。内務人民委員のルイコフ、労働人民委員のシリャプニコフ、貿易産業(のちに労働)人民委員のノギン、教育人民委員ルナチャルスキー、農業人民委員ミリューチンらである。彼らは多くが古儀式派や建神論の党員であった。統治能力のある幹部が革命派には少なかったことの反映であろう。とくにモスクワではソビエトを指導したノギンらが平和的に権力を握ったが、この勢いをかってボリシェビキ党モスクワ委員会は、メンシェビキやエスエルをふくめた全社会主義者による政府を主張し、一一月二日(一五日)にレーニンの方針を批判した。革命派のみからなるレーニンとは異なった権力構想であって、しばらく両者は対立する（8:200）。

このこともあってか党の政治局こそが権力の中枢であることが、事実上決められた。フルシチョフ期は幹部会とも呼ばれ、一〇～一二名の中央委員からなるこの組織が全ソ連期を通じ立法・執行・行政、安全保障から映画の検閲に至るまで、すべてを決める最高機関となった。政府の決定や法律から工場や収容所建設を経て、条約や協定、知識人の派遣や異端派の追放まで、党政治局の許可なくしてソ連は動かないというルールができた。

しかしこの政治局も合議体であり、その補助機関として書記局が作られた。当初複雑な党務をいっさい処理したスベルドロフが亡くなると、スタソワという女性が書記になった。モロトフが党中央の指令でモスクワに赴《おもむ》いたのはまさにそのような時期であった。当時の第九回党大会でモロトフは、党の中央組織は不十分だと発言していた。もとは補助機関であった書記局が党と政府、国家を動かすようになった。この仕組みを作ったのが一九二二年書記長になったスターリンであり、その前にすでに書記ともなっていたモロトフであった。

党アパラチクの供給源、ニジニ・ノブゴロド組織

統治党にとっては、党中央と地方の関係は重要である。モロトフは十月革命直後ペテルブルク党委員会機関紙「赤い新聞」の編集に当たるが、一九一九年に党中央の指示によって、内戦の中心地で、チェコ軍団やコルチャック軍から解放されたばかりのボルガ、カマ沿岸地方に党と政府の全権代表・軍機関紙「赤い星」の二〇名からなる汽船宣伝班として派遣され

る。なかでも秋、レーニン夫人で教育人民委員部のクルプスカヤとともにニジニ・ノブゴロドに赴いたことは、モロトフに二つの資産をもたらした。レーニン一家との緊密な交流、そして党官僚の供給源、ニジニ・ノブゴロド組織との関係である。

このニジニ・ノブゴロドはボルガ川にのぞむソ連第三の重要都市で、チェコ軍団との衝突など戦略上の要衝《ようしょう》でもあった。またそこでは、農民紛争や反ボリシェビキのストなども激化していた。レーニンが赤色テロを指示した最初の場所の一つでもあった。モロトフが慣れ親しんだ政治とは、まさに「階級闘争」が戦争に他ならない世界であった。モロトフは宣伝班という仕事から、一九一九年末県ソビエト執行委員会議長に任じられた。

その時ニジニ・ノブゴロドの党書記にはラーザリ・カガノビッチがいた。彼は一八九三年ウクライナ生まれのユダヤ人で、モロトフより三歳若い。一九一一年に入党、モロトフとは一七年ペトログラード党組織で出会う。ともにスターリンの側近となり、以降一九五七年に、かつて自ら登用したフルシチョフに反対して失脚、六二年に党を除名されるまで行動の多くを共にした。ちなみに、カガノビッチは一九九一年に亡くなる。カガノビッチ回想録ではここでの党任務とはほとんど南部戦線、デニキン軍との闘争への支援であったが、こういった軍事化した組織活動は党官僚の行動規範となった（28:21）。彼が作った党中央の組織指導員部は一種の党内警察となった（4:564）。

ここでは、革命前から県委員会が強い「地方主義的」傾向を示していた。革命前は古儀式派の拠点でもあって、また作家ゴーリキーも若い時代を過ごすなど雰囲気は反体制的だった。一九二〇年前後は、反対派的なニジニ・ノブゴロド県は、シリャプニコフの率いる労働者反対派への支持に傾いた。党内で激しい闘争があった。モロトフはその後ウクライナに一時派遣されるが、後任となったアナスタス・ミコヤン（のち政治局員）に、「あそこで働くのは大変だろう」と言った（47:169）。

実際、労働者反対派とは、古儀式派系の反対派でもあったと主張するのは、現代の歴史家A・ピジコフである。彼によればガブリーラ・ミヤスニコフ、宗教的にはフェドセーエフ派であったセルゲイ・メドベージェフ、またモスクワのイグナートフら同派の幹部は古儀式派出のボリシェビクであった。同時にレーニン、スターリンら党主流に対する反対派でもあった（112:108）。なかでもミヤスニコフは、君主主義者をふくめ全党派に表現の自由を求めていた。ちなみに彼は一九二八年フランスに亡命したが、戦後スターリンに帰国を願い出て、ソ連に帰還した直後に逮捕され、粛清の運命をたどった。

この時のモロトフ支持派から将来の党官僚が輩出したのである。スターリンを支えたモロトフ、カガノビッチというスターリン政治の担当者はここから出た。事実一九二〇年代にこの地域に関係した党員にはミコヤン、ウグラノフ、ブルガーニン、エジョフ、ジダーノフらがおり、のちにスターリン政治の中枢を担《にな》った。後三者が古儀式系である。革命と内戦での闘争をつうじてある種の共通体験が生まれたといえよう。

もっともモロトフ自身は一九二〇年九月から当時ボリシェビキ派が民族派やポーランドなど外国の干渉軍とぶつかったウクライナに派遣され、当時ロシア共産党指導下にあったドネツク県委員会書記となる。コサックの拠点だったドネツクは、彼がロシアの管轄からウクライナの管轄へと変える。のちのウクライナ問題の起源ともなるこの決定は、レーニンが正教的な匂いのする小ロシアではなく、反帝国的なウクライナ(ポーランドの辺境という意味)という国名にこだわっていたからだ。こうして一九二〇年末から翌年春まで、モロトフは短期だが決定的な時期にウクライナ共産党書記となった。

ちなみにこの町から出たのはルガンスクのコサック、古儀式系革命家で軍人となったのちの国防相、「赤い元帥」のクリメント・ボロシーロフだった。彼は一九四〇年のフィンランド戦争での大敗にもかかわらず、戦後は国家元首の立場となり、モロトフとともにスターリン体制を支えた。もっともモロトフとは異なってその後反党事件へ関与したにもかかわらず、一九六九年に死去するまで中央委員であったのは、彼の軍歴もあろう。

労働組合と国家

党は革命時の二万三〇〇〇人程度の半地下組織にすぎなかった存在から、唯一の統治党になり、数十万人の組織へとふくれあがった。同時に党内には雑多な思想傾向、古儀式派系革命派などが存在した。一九一七年一〇月の武装蜂起問題からはじまり、他党派との関係、講和、赤軍建軍、宗教や農民政策、食糧調達をめぐって、指導部にはつねに論争と亀裂があった。レーニン、トロツキーらは必ずしも多数派でなかった。十月革命に反対した蜂起反対派のジノビエフや、右派のルイコフ、「民主集中派」「労働者反対派」など様々な勢力が台頭する潮流となった。党内で分裂と対立とは避けがたかった。

実際、一九二一年の第一〇回党大会では、労働組合論争で党中央までが分裂しかかった。当時ロシア工業は解体し、労働者はいないに等しかった。共産党は労働者党を名乗りながら、組合活動の経験もないまま、権力党になった。組合内では国家からの独立を掲げるメンシェビキ派の影響が強かった。革命後、革命権力強化のため、労組を党から大衆への「伝達ベルト」として、国家の補助機関、いな国家機関化すべきだという発想が強かった。党綱領では、労働組合は経済管理機関の基盤、「共産主義の学校」であった。労働組合を「国家化」するか、それとも国家からの自立を認めるか、イデオロギー的にも決定的な問題だった。

なかでも労働組合中央評議会議長トムスキーは、政治局員となる唯一の労働者出身で、国家機関化に反対した。このため、組合の国家化を主張するトロツキーらと対立した。こうして一九二〇年秋、組合廃止論、国家化論から組合の独立論、組合の経済管理（労働者反対派）に至るまで、八つもの考えかたが党内に現れた。党中央委員会も三派に分裂し、代議員を獲得する多数派工作が一九二一年三月の第一〇回党大会をめがけ展開された。レーニン自身は、組合主流トムスキーらと組んで「十人派」を作った。

他方トロツキーやブハーリンからなる派は、組合の国家化、産業組織との融合の積極論だった。金属工組合のシリャプニコフ、女性党員のコロンタイら「労働者反対派」は、政綱で組合による産業自主管理を唱えた。メンシェビキに近い老マルクス主義者リャザノフは、ペトログラード労組の議長であったが、独立論を唱えた。組合活動家の一部はストライキにも同情的だった。ニジニ・ノブゴロド組織にはシリャプニコフが反対派支持のために来た。

党内多元主義への痛打

だが党の危機はより深刻化した。革命の支柱だったクロンシュタット港の水兵が、共産党権力に武装蜂起を決行した。党大会は蜂起のさなかのペトログラードで開かれたが、レーニンらが、トロツキー－ブハーリン派、労働者反対派に対して中央委員会で多数派となった。モロトフも、この時は独ソ戦の一九四一年よりも厳しかったと回想する。こうしたなか、レーニンは突然「党の危機」を訴え、「プロレタリア独裁は共産党を通じて以外はありえない」と断定し、党内分派、グループを作ることを禁止した。中央委員ですら三分の二の支持で除名されるという規定をおいたことは、党内多元主義への痛打となった。書記局からトロツキー派が一掃された。

かわってレーニンが党中央の強化のために頼りにしたのは十人派、なかでもモロトフは筆頭書記、政治局員候補へと抜擢された。レーニンはこの時、書記とは政務担当であるべきで、事務長であってはならないと語った。これには伏線があって、スターリンが彼を推薦した時、レーニンは「モロトフはロシアで一番の書類係の書記だ」と言ったことがある。党書記としての最初の仕事は農村危機対策、なかでもタンボフの農民反乱、クロンシュタット反乱鎮圧のため、労働者反対派などの党員、赤軍を動員すること、であった。

さっそく新書記モロトフはクロンシュタット反乱の抑圧という指示をビヤトカ以来旧知の仲でもあるゼルジンスキーらに指示している（111:275）。さらにこの二人は、国内危機の状況に対応し、共産党員を非常機関に投入することを訴えた（同 :295,302）。レーニンも革命の危機に際しモロトフを通じてゼルジンスキーに、非常委員会の活動計画を策定するよう求めた。ゼルジンスキーがその後非常委員会の人員削減に抗議した時はモロトフが党の窓口だった（同 :366,444）。党内最大の危機にあってモロトフ人脈は権力の支柱であった。

分派とは「党内民主主義のあらわれではなく、したがって根絶すべきだ」とレーニンは強硬であった。その後一九二七年に、トロツキー、ジノビエフら合同反対派が主流派に抵抗した時、この動きは反党的だけでなく反ソビエト的、と決めつけたのはモロトフだった。スターリンもモロトフ、カガノビッチに「分派とはソ連体制では必然的に白衛軍に転落し、ソビエト権力の敵と結びつく」と言った（80:665）。分派とは党内民主主義を意味するのではなく、「敵は第五列（内部に潜《ひそ》む敵）」だという発想が指導部中枢にあった。

もっとも権力の強化と党内の規律強化という傾向は、食糧税導入、つまり経済的自由化にともなう代償であるとも考えられた。当時は民主化を求める声は広範に存在した。反革命派や異端派にも表現の自由はあるべきだと主張した党員もいた。一九二一年四月には、社会主義者、アナキストの良質部分とは協力すべきであると新政策をもとめた党員に、レーニンら政治局は「拒否」と答えた。この点でレーニンは峻厳《しゅんげん》だった。だが、この臨時的措置と思われた決定は恒常化した。翌一九二二年までに、労働組合やソビエトからメンシェビキや左派エスエルなど他党派は禁止、追放された。反対党派指導者は海外に亡命した。トムスキーですら、一時、組合議長職を解かれた。

こうしたなか、党官僚制の基礎は着々と構築された。モロトフ書記のもとには当時五六名の有給職員があったが、各級《レベル》（中央から各地方団体まで）の党機関の中枢である「アパラート（装置）」を構成した。組織部と総務部を中心に人事と情報、それに財政を独占するメカニズムが作られた。一九二二年の第一一回党大会でモロトフ書記は、病気により短めのレーニン政治報告を補足する組織報告に立った。もっとも報告は「官僚的作文」と酷評され、党機関相互の対立にモロトフは気づかないとも言われた。ちなみにモロトフは次の第一二回党大会では、中央統制委員会を労農監督部と合併するというレーニンの方針を報告しただけであった。

レーニンはここで官僚制強化に動いた。新しく書記長職をおき、その座にスターリンを就《つ》けた。モロトフ、カガノビッチにくわえクイビシェフも書記となった。もっとも書記長職は、この時点では党の指導者を意味したわけでなく、呼称も労働組合の書記長職からの転用であった。事実、候補には労働組合の書記長ルズタークや議長トムスキーも擬せられた。ミコヤン回想では、オルジョニキッゼ、ルイコフらも俎上《そじょう》にのせられた。しかし忠誠心や能力からスターリンが抜擢された（47:366）。

他方、決定中枢としての政治局もまた当初から形骸化した。レーニンの生存時、モロトフは政治局では彼の隣に座った。トロツキーは向かい側にいた。ある時経済政策で意見が分かれたが、レーニンはモロトフにメモをわたし、自分はトロツキーに賛成するが、できるだけトロツキーに反対しろと指示したという（4:201）。レーニン存命中は、なんとか統一は保たれたが、彼が亡くなった後は分裂し、形骸化してしまう。レーニン期からすでに政治局のなかにさらに「指導チーム」が形成されていたことをモロトフは証言する。

二〇〇一年に公刊されはじめた『極秘――ルビャンカからスターリンへ』は、最高幹部限定の極秘情報資料（ブレチン）だった。この情報資料は指導部内でのみ配付され、相対的に自由であった一九二〇年代から党内でも、情報の接近・報告・配付は厳格に統制された。党員の権利は制限され、機関の限られたネットワークが動きはじめた。一九二六年にはすでに、党の機密文書取り扱いに関する違反を政治警察の統合国家保安部が調査していた。

政治局でも正規の会議とは別に重要問題が論じられだした。モロトフとスターリンの往復書簡では、一九二〇年代半ば政治局会議に先立って「七名会議」（スターリン、ジノビエフ、カーメネフ、ルイコフ、トムスキー、ブハーリン、クイビシェフ）という「影の政治局」が開かれた（61）。トロツキーは当初から排除されていたことを、彼自身一九二六年まで知らなかった。ちなみにバレリャン・クイビシェフはシベリア生まれの貴族出の軍人という変わり種、サマラでの革命運動から最高幹部入りした。

モロトフ回想でも、スターリン時代に、この内部組織にアンドレーエフ、カリーニン、ルズターク、コシオールらの政治局員はふくまれなかったという。スターリンとカガノビッチの一九三〇年代の往復書簡によれば、決定的な事項にはスターリン、モロトフ（政府）、カガノビッチ（党）、そしてせいぜい時折ボロシーロフ（赤軍）が関与するだけになった。第二次世界大戦後には政治局は、まさにスターリンの個人的取り巻きが指導者に賛同するだけの機関になる。

当時外部からはこの過程は見えなかった。一九二四年にレーニンが亡くなった時、党情報部はソ連の世論状況を調査したが、トロツキーが後継者と見る者は多かったものの、スターリンのことは人々の口の端《は》にも上らなかった（52:4:10）。

このように強硬路線をとったレーニンだが、モロトフによれば孤独で友人もいなかった。ただレーニンとスターリンとの関係は良かった。スターリン自身がレーニンに書記長辞任を申し出ても、応じなかったとモロトフは証言している（4:193）。

レーニン最後の闘争

では、スターリン書記長の解任を求めたレーニン最後の闘争とは何なのか？　スターリンの書記長解任を党大会に求めたレーニンの「遺言」との整合性はどうなるのか？　問題を新しい角度から見直している歴史家フェリシチンスキーによると（『歴史の諸問題』一九九九年一号）、党内でレーニンやトロツキーは意外に支持が乏しかったというのである。レーニンとトロツキーの強硬な政治路線には密かな批判があり、一九一八年のレーニンへの襲撃事件、スベルドロフの党運営などはその一例であったという。したがって後継をめぐる一九二〇年代の党内闘争で、蜂起反対派のジノビエフ、カーメネフ、右派のルイコフ、ブハーリンらが、レーニン晩年から政治局の主導権を握るのには理由があった。トロツキー回想のようにすべてをスターリン党官僚のせいにするのは非歴史的である。

こうしたなか、レーニンは一九二二年五月末、発作で党活動どころか字も書けなくなる。レーニンは自殺を真剣に考えた。そのため「鉄の男」スターリンに毒薬を依頼する。レーニンの自殺の話は妹ウリヤノバの回想（『党中央委員会通報』一九九一年三号）で、ようやく真実が示された。政治局もレーニンの安楽死問題を審議する。しかし毒薬を渡すと約束したスターリンだがこれを拒否し、レーニンは隔離された。モロトフも一九七二年にこのように回想している。

一九二三年二月、レーニンは悪化し、毒薬をスターリンに持ってくるように頼んだ。しかしスターリンは約束するが持ってこなかった。

時期以外は正確である。このためレーニンはスターリンに対し激怒した（4:238）。

それから一九二四年一月に亡くなるまでの一年半、指導者の生と死は、後継問題も絡《から》んで争点となった。党内ではスターリンとゼルジンスキー（政治局員でないが）が重要となり、彼らはトロツキー以外の政治局員「七人組」の中心となる。ゼルジンスキーが反対党派メンシェビキを抑圧するよう一九二三年三月に訴えた時モロトフがこれを支えた（110:478）。こうしてレーニンは党や夫人クルプスカヤからも隔離された。

フルシチョフの暴露とともに広く知られるようになった「レーニン最後の闘争」とは、グルジア（現ジョージア）共産党内対立での独裁的処理法など、ソ連邦形成時の少数民族問題に対するスターリンのやり方を末期《まつご》のレーニンが批判したことだとされる。一九二二年末から断片的に口述されたレーニンの遺言は、夫人によって二四年五月に出版される。レーニンは指導幹部のなかで、トロツキーとスターリンとを同格とみていた。だがレーニンは、夫人クルプスカヤへの横暴をみて、「スターリンは書記長にはふさわしくない」と遺言に付加した。けれどもスターリンを支持した政治局員ジノビエフとカーメネフらの指示で、レーニンの遺言は表に出なかったというのが通説だった。実際レーニンが不在の一九二三年四月の第一二回党大会では、カーメネフが司会、ジノビエフが政治報告、スターリンが組織報告に立ち、権力構造は微妙に変わった。

この遺書の存在は、トロツキーに近かった米人ジャーナリスト、イーストマンが『レーニン以降』で暴露し、一九三〇年代は右派の党員リューチンによる、反スターリン派の冊子でも取り上げられたが、最終的にはフルシチョフ時代に正式に遺書が公表された。

レーニンの死後、モロトフはこの遺書の開封に立ち会った。これを受けてモロトフは、「レーニンは正しい」と政治局で発言した。スターリンは不満そうだったという。しかし遺言を守るのが重要だとモロトフは考えた（4:298）。スターリン自身はその後いっさいこの文章に言及しなかったという。だがモロトフは別のところでは、この遺言は夫人クルプスカヤの考えにすぎないとも言っている。モロトフにとって、レーニンは「時代の人」であったが、スターリンはその「時の人」であった（4:320）。あるいは「天才」と「才能」の違いだとも述べている。

ソ連の党内政治をみれば、指導者が亡くなると合議体の政治局内では後継をめぐって対立が生じる。この時、書記として巨大な書記局をおさえる政治局員が圧倒的に有利な立場に立つようになった。後継をめぐる問題で、スターリン、フルシチョフ、ブレジネフ、ゴルバチョフと、いずれも書記局員である政治局員がライバルに勝利するのは、実はこの構造に由来する。それは同時に党機関と軍・政治警察への統制をも権限に持ったからである。

人事の連鎖

もっともまだスターリンの時代ではなかった。事実レーニンの葬儀ではゼルジンスキーが葬儀委員長だった。一九二〇年代半ばのソ連政治の中心は、スターリンよりゼルジンスキーだった。しかしゼルジンスキーは労組論争などの「党の危機」に動揺し、スターリンと比較して党内政治がわからなかったとモロトフは言いきる。ゼルジンスキーが一九二三年一〇月のトロツキー派との抗争の時に休暇を取ろうとした時、モロトフからたしなめられた（110:497）。ゼルジンスキーは一九二四年初めには最高国民経済会議議長、つまり経済担当に格下げとなった（同 :520）。党こそすべて、党機関こそすべて、これがソ連政治の鉄則となるには、まだ少し時間があった。一九九五年に出た『スターリンのモロトフ宛極秘書簡』も、このレーニンの死と遺言問題、そしてトロツキーの敗北とは、けっしてスターリンの台頭によるものではなく、むしろ政治局全体の合意であったことを示している(61)。

スターリンとモロトフらアパラチクからなる党官僚の政治的役割は、こうしてまだ外部からは注目されなかった。しかし一九二〇年代末までに権力の中枢へと転化しはじめた。両者の間にはコーバと呼ばれたスターリンと、モロトシビリとかモロトシュテインといったあだ名で呼ばれたモロトフとの関係があった。この関係は一九一二年の「プラウダ紙」以来であった。なかでも一九一七年四月、レーニンが首都ペトログラードに戻ってきていきなり社会主義革命を掲げた時、スターリンとモロトフはアパートに同居していた。この考えにスターリンは当初消極的であったとモロトフは回想する。

書記長スターリンの下《もと》でのモロトフの仕事は、基本的に党の組織問題であった。スターリンが決め、モロトフが実行するという二人の三〇年以上にわたる関係の基礎ができた。書記局を監督する数人の書記の下、党務に日常的に専念する有給の党職員・スタッフからなる党官僚制は次第に力を付けた。モロトフ書記の部下には、最初の組織指導員部長であり、「二〇〇パーセントのスターリン主義者」といわれたカガノビッチがいた(28:254)。

党とは、実態的には情報・資金・権力を独占する機関のことであった。党の規律を高めること、秘密を厳守することが、党機関員の規範となる。これこそモロトフらが作り上げた組織の鋳型《いがた》であった。ノメンクラトゥーラとは党官僚が承認する人事リストのことであるが、人事を介した上意下達《じょういかたつ》の回路ができた。

一九二〇年代後半、ウクライナ党書記だったカガノビッチの下でドンバス炭鉱にいたフルシチョフが台頭した。もとはウクライナ出のトロツキーの支持者だった。一九二〇年代末、カガノビッチがモスクワに移ると、フルシチョフも右派の拠点、工業アカデミー書記からモスクワ市党組織を担うようになる。なかでも、始まったばかりの地下鉄建設は彼の担当であった。この二人が仕切るモスクワ党組織ではマレンコフ（州）、ブルガーニン（市）が台頭したが、二人はある研究によればともに古儀式派系で、その後までライバルとなる(110:326)。ロシア人形マトリョーシカのように、こうして人事の連鎖ができた。

たとえばスターリン、モロトフの下で一九二〇年代、党人事担当の部長であったエジョフは、三五年から党書記をへて内務人民委員となって大粛清に辣腕《らつわん》をふるった。スターリンは約一〇〇名の党・政府・軍などの高級官僚のあいだに直通電話を有していたが、党職員も電話一本で管轄の人事に関与した。また宣伝部を通じてメディアを動かした。一九三〇年代半ばには、スターリンの別荘に電話が引かれた。一九三〇年代前半の危機を乗り切ったスターリンの権力が増加し、カガノビッチら書記の独自の役割は減少したのである。

幹部がすべてを決する

組織的手段と並んで重要であったのがイデオロギーであったが、ここでも党宣伝部が重要なテコとなった。一九二四〜二五年、ジノビエフとスターリンとは分かれ、「レーニン主義」解釈の正統性を争うようになった。モロトフ回想によれば、スターリンと同郷のオルジョニキッゼがジノビエフのレーニン論を誉めるので、モロトフがこれを批判したところ、スターリンとオルジョニキッゼとはジノビエフをめぐって論争になったという（4:191）。ちなみにオルジョニキッゼは、一九三七年自殺して果てた。この論争で、ジノビエフ、カーメネフが敗北し、一九二六〜二七年にはそれまでの仇敵《きゆうてき》、トロツキーとジノビエフとは新反対派を結成して、赤の広場で示威行動すら試みる。だが一九二七年末までに敗北、トロツキーは、二九年国外に追放、ジノビエフは党除名直後に復党を願い出た。

こうして一九二〇年代末のスターリン書記長の台頭は、同時にモロトフの台頭でもあった。事実、一九二八年の政治危機と、スターリン書記長の全党制覇は、ニジニ・ノブゴロド以来関係のあるモスクワ市党第一書記で右派のウグラノフの解任から始まった。書記局からはスターリン主義者も出たが、その敵もこのモスクワ組織から出たことは注目できる。

党組織の指導者は、コミンテルンでも中心であることを意味した。モロトフは、一九二一年からこの組織に関与したが、二六年失脚したジノビエフにかわって、執行委員会に加わる。一九二八年八月に、世界の代表者の前で、書記であったブハーリンが降格されモロトフに交代したことは、いかにこの組織がソ連共産党の都合で動くかを示した。モロトフは一九三〇年末までこの地位にあるが、その後この組織はソ連外交の手先としての性格を強める。

こうしたなか党内外では人事登用と絡む微妙なネポティズム（仲間登用）のネットワークが、ノメンクラトゥーラをカースト的な特殊階層に変えていった。党機関を介しての権力中枢との距離と地位、そして微妙なネットワークの形成と交代、これこそ政治資金も政策論争も意味をなさず、反対派もない党という政治社会での唯一の判断基準となった。実際、共産党は実質的には、建て前上の無神論者による教会だった。人事叙任権こそすべてだった。この真髄をカガノビッチはこう語った。「幹部がすべてを決する」

第三章　ネップ（新経済政策）とアンチ・ルイノチニク（反市場主義）

一九二一年に打ち出された新経済政策を、モロトフら党官僚たちは一時的後退と呼んで、これに対して敵意をもった。レーニンも実は強硬派であったが、彼が亡くなると他の党員たちは農村利益を重視しだした。しかしスターリン、モロトフらは農民の自由化要求に屈せず、再度一九二八年からの穀物危機に乗じて急進的な路線を展開しだした。

ネップ＝市場経済と社会主義権力との結合

一九二一年、モロトフはウクライナの党書記として出会ったポリーナ・ジェムチュジナ（本名パール・カルポフスカヤ、一八九七〜一九七〇）と結婚した。オデッサ生まれで、党女性部の仕事でモスクワにやってきたユダヤ系の彼女は、スターリン夫人アリリュエバとも親しかった。夫妻の半世紀近い関係は、スターリンが夫人との離婚、逮捕を命じるなど、政治に翻弄《ほんろう》された。けれどもこの夫妻は死ぬまで確固たるスターリン主義者であり続けた。

もっとも党官僚としてのモロトフに新婚の蜜月はなかった。当時党内も分裂していたが、共産党権力と農民との関係は内戦そのものとなっていった。農民反乱は、党のひ弱な権力基盤を揺るがしていた。一九二一年三月の第一〇回党大会は農民らの要求である穀物調達を廃止し、かわって食糧税という経済的な枠組みを認めざるをえなかった。けれどもそれはボリシェビキが夢想した商業・貨幣の死滅といった理念を放棄し、忌むべき市場経済を復活することを意味した。一九二一年からの新経済政策（ネップ）とは、共産党独裁の下《もと》で市場経済を認める制度であった。

しかし老モロトフの目からみると単純であった。

ネップ、これは人民からの理念だ。ドン百姓《ムジチョーク》がレーニンに押しつけたにすぎない(4:209)。

したがって、ネップは一刻も早く克服すべき妥協でしかなかった。レーニンもまた、一九二二年の第一一回党大会の時、これはあくまで戦術であって、非共産党知識人の方向転換派の言う「ボリシェビズムの進化」であってはならないと言った。この大会でレーニン報告を補足したモロトフも、「ネップは後退であり、一年後には廃止する」と明言していた。この点でモロトフは強硬だった。ちなみに一九六〇年代の経済改革について、モロトフは、ネップと同様の後退だと、あくまでネップを引き合いに出して攻撃する私的ノートを書いたほどだ。

逆に経済改革派からゴルバチョフまで、ネップとは市場経済と共産党権力との結合の模範型であった。はたしてその現実はどうであったのか？

農民の体制への批判

一九二〇年代に政治警察（OGPU）がトップのみに報告した「国の状態について」という定期刊行資料が、二〇〇一年から公開されはじめた(73)。このうち農業関係資料についてはすでに公表しつつある(74)。これらは一九二一年のクロンシュタットの水兵反乱に驚いた党と秘密警察が、国家情報の収集と配付を整えるために始めたものである。ちなみに一九二三年の配付リスト（三六部）で、一位がスターリン、二位トロツキー（赤軍）、三位カリーニン（ソビエト）、四位ゼルジンスキー（政治警察）についで、モロトフは五位であった（党中央委員会）。病気となったレーニンや、「プラウダ紙」のブハーリン、ルイコフは配付リストに載っていなかった。情報配付の序列は権力の配分でもあった。

こうした報告書が示す農業対策とは、経済よりはるかに政治そのものであったことを示している。反乱の拡大をおそれてネップは始まったものの、地方からの反応に肯定的なものは少なかった。農民たちはネップをそのまま歓迎はしなかった。新たに導入された食糧税そのものも高かった。

農村の状況はアントノフ反乱（一九二一）以外にも、ウラル地方や、フィンランド当局の仕業《しわざ》とされたカレリヤ農民反乱など、反乱事件が多発していた。中央アジアなどでも匪賊《ひぞく》行為は広く存在した。一九二一年五月のクバンでの「クラーク・テロ」に対して、党は人質をとり、大量銃殺を拒否しなかった。一九二四年八月にはグルジア（現ジョージア）ではメンシェビキ反乱すら起きたが、背景には農民の体制への広範な不満があった。

「全ロシア飢餓救済委員会」の提案と教会財産の没収

ネップは結局、一九二一年から二〇年代末までつづいた。ボリシェビキ権力と農民との市場的関係を介した「経済的同盟」であって、「軍事的同盟」とは違うとブハーリンは力説した。しかし実際は、一九二四年一〇月に「農村に面《おもて》を向けよ」という政策が出るまでは、権力の農村への関与はいぜんとして軍事的同盟以上のものではなかったのである。

深刻な飢餓の問題も生じていた。一九二一年前後、ボルガ川流域地方を中心に約三〇〇〇万人以上が穀物不足と飢饉のため飢餓線上に置かれ、死者だけでも三〇〇〇万（ミコヤン『回想』）とも五五〇万人（研究者ジマ）ともいわれる。歴史家のV・ダニロフは一五〇万～二〇〇万人とやや控えめに見積もっている。実際、タタールだけで五〇万の死体が放置されたと『極秘――ルビャンカからスターリンへ』は伝えた（73）。人食いすら生じたとルイコフ首相は書いたが、最高幹部がここまで論及することはめったになかった。

農民問題は、最高度の政治問題であった。この飢饉にさいしてゴーリキー、プロコポビッチなど非党員の文化人、経済学者たちはモスクワ市当局に、一九二一年六月、「全ロシア飢餓救済委員会」を作ることを提案した。対外的にも救済活動は必要であった。しかしこのような組織を認めると、反ボリシェビキ系リベラル派の拠点となり、権力への対抗組織となるのではないかという危惧があった。政治局はいったん提案を認め、カーメネフ、ルイコフら政治局員も参加して結成された。だが党中央はこれを許容しなかった。この代表の海外派遣をめぐり対立が生じると、一九二二年八月に政治局はこれを解散、非党員活動家を逮捕、同年末には一部を国外追放にした。外務人民委員らはレーニンに抗議したほどである。実際一九二三年七月、社会学者ソーロキン、哲学者ベルジャーエフら一〇八名が政治局で反ソ知識人と認定された。その多くはソ連邦が形成される一二月までに海外追放にされた。

飢饉は教会と権力との関係をも緊張させた。国家と宗教の分離を標榜《ひょうぼう》した革命権力だが、実際内戦期から、教会は抑圧され、聖職者も監視下にあった。ネップもまたこの状況を変えるものではなかった。一九二二年二月、飢餓対策に教会財産を没収し海外に売却するべきだという提案をめぐって対立した。なかでもレーニンは聖職者が抵抗すれば抑圧も辞さないと考えたとモロトフは言う。

実際、一九二二年三月半ばにはイワノボ・ボズネセンスクで、教会財産没収をめぐっての発砲事件が生じた。この時レーニンは、モロトフを通じて、政治局員に対し、教会財産を「断固として没収する」ことは「人々が人肉を食べている今こそ」行うべきだと指示した。一説には八〇〇〇名の聖職者が犠牲となった。この結果に対しては、穏健派(ルイコフ、カリーニン)とレーニンとが政治局で対立したことが、一九九八年に出た資料集『政治局と教会――一九二二~二五年』などに出ている(62)。

なかでもこれに抵抗した聖職者への死刑判決をめぐり、一九二二年五月の党政治局は割れた。トロツキーが銃殺を主張し、レーニンとスターリンが支持した。ルイコフ首相らのような死刑反対派は押し切られた。この関連の政治局、とくにレーニンの発言は一部で表に出た。なかでも一九九〇年ゴルバチョフ政権末期に関連資料が表に出たことで、レーニンとスターリンとは異質だと思っていた人々には衝撃を与えた。モロトフが、スターリンよりレーニンのほうが峻厳《しゅんげん》と言ったのはこうした意味である（4:184）。このころ病気のレーニンは、右派のルイコフが自分の代理になることにも抵抗した。ネップは政治的には相対的多元主義といわれる。しかし、レーニンとスターリンらにそのような要素はあまりなかった。

こうしたなか最高指導者レーニンは一九二一年の党大会時に倒れ、そして翌二二年半ばにはほとんど指導者としての機能を失った。結局、一九二四年一月二一日に亡くなる。ゼルジンスキー葬儀委員長のもと、遺体はやがてクレムリン廟《びょう》に永久保存されることとなった。

このレーニンの遺体を保存する廟は、正教での聖人保存の考えに基づくものであった。レーニンは確固たる無神論者であって、革命前はゴーリキーやクラーシンなど古儀式派などを革命に利用すべきだと説いた建神論者と論争した。そのレーニンの葬儀を「世界が見たこともないように盛大に」行うことを提案したのは、国家元首カリーニンだった。党書記長スターリンも「レーニンはロシア人であるので、それにふさわしいように」葬儀を行うという考えで、「地方の同志の関心」を理由に遺体保存に賛成した。だが遺体保存は「マルクス主義科学とは相容れない」と反対したのはトロツキー、カーメネフ、それにブハーリンであった。

しかし実際にレーニンが一月二一日に亡くなると、ゼルジンスキーが葬儀委員長となり、モロトフ、ボロシーロフ（いずれも古儀式派系）、それに元官房長官で古儀式派問題の権威であったボンチ＝ブルエビッチらが入って葬儀委員会ができた。同じく建神派のレオニード・クラーシンらも廟の建設を推進した。

レーニン廟の問題は、一九世紀の思想とも関係していた。ドストエフスキー、トルストイやベルジャーエフなど求神論に影響を与えたニコライ・フョードロフ（一八二八？～一九〇三）の死生観である（本名ガガーリン、正教徒で哲学者・思想家であった）。死者を復活させるという彼の考えは、ロシア人の死生観と深く関わっており、正教への信仰と結びついていた。ロシア人は不死伝説に関心が高かった。これに復活思想、そして革命指導者への「カルト」が絡《から》みはじめた。注目したいのはモロトフがこの問題に持続的に関与したことで、一九三八年の革命記念日にもレーニン廟を訪問したモロトフは、遺体の照明にも細かく注文をつけたという。

レーニン死後の権力闘争

レーニンは一般市民にどう表象されただろうか？　レーニンが死ぬまえから後継者問題をふくめ、政治警察（ＯＧＰＵ）は政治動向調査を行った（52:1:28）。これによれば、労働者はレーニンの死に哀悼を示したものの、農民は無関心だった。「その時ソ連権力は終わるという『反ソ的宣伝』があった」と報告した。赤軍指導者トロツキーが後継なら戦争になるという意見も強かった。トベーリ県では、レーニンは死んでおらず、農民税軽減をもたらす、だがトロツキーが反対しているとも指摘された。ユダヤ系で赤軍の指導者、トロツキーは不人気であったが、政治警察の報告書はこれを反ユダヤ主義の影響とみた。葬儀という権力継承の儀式からはずされたトロツキーは政治局でも完全に孤立した。

こうして十月革命のコンビ、レーニンとトロツキーの時代は完全に終わる。

権力闘争が生じた。党務を握ったスターリン、モロトフはトロツキー派の薄い党内基盤を掘りくずすのに奔走した。レーニン死後の党員増加運動では忠実な、しかも水ぶくれ気味の党員が入党した。

かわって勝利者のなかに分裂が起きた。後継をねらうジノビエフは、スターリンとレーニン主義の正統性を争う。だがユダヤ人であり、世界革命を唱えるジノビエフは、一九二五年までに孤立、逆に一国社会主義を唱えたスターリンが、右派のブハーリン、ルイコフらと組んだ。モロトフと同郷のルイコフが首相職となったのは農民対策が重要であったためである。ちなみにモロトフによれば、右派のルイコフ、トムスキーが一九二二年に政治局入りしたのはレーニンの意図に反していたが、赤軍のフルンゼが主張したからだった（4:223）。

共産党右派の政治家には、ロシア人で古儀式派系革命家が総じて多かったといえよう。フルンゼは古儀式派織維工の多いイワノボ・ボズネセンスクの党指導者だったが、自身は古儀式派ではない。内戦期に赤軍を指導、勝利に導くことで急速に支持を集めて、将来の指導者の呼び声も高かった。ところが一九二五年一〇月の手術中に病院で急死、その死をめぐって疑惑を呼んだ。国家元首のカリーニンも日記のなかで、「最近功績ある」赤軍軍人たちが、

「謎めいた状況下で」亡くなっていることに注意を払った（106:11:4:101）。

モスクワの古参党員で繊維工出身、古儀式派ともっとも関係の深い活動家にノギンがいる。一九〇五年には古儀式派の献金でできた「イスクラ」編集部にあり、一七年にはモスクワ・ソビエト議長、最初の産業貿易人民委員だった。彼も米国出張後の一九二四年五月に急死している。英国の研究者R・サクワは、彼の死はフルンゼ同様暗殺によるものという疑いがあるという（二〇一四年一〇月二二日のインタビュー）。

こうして実は雑多な党指導部でも右派とスターリン派との連携の鍵は農業政策であった。どうやら政策転換の主導は、政治警察のゼルジンスキーであったようである。一九二四年一〇月党中央と政府は、「農村に面を向けよ」というソビエト活発化政策、親農民政策を推進した。これはゼルジンスキーが春から政治局に転換を迫った結果であった（73:2:15）。

自由化と農民組合

こうして指導部でも農民に自由を与える考えが出てきた。地方ソビエト選挙が自由化された。選挙の制限が緩和され、むしろ党権力を抑制する必要が認識された。穀物生産がようやく戦前レベルに回復した一九二五年には、さらに農村経済政策を自由化する考えが強まった。なかでもかつて左派イデオローグだったブハーリンは、一転して右派の論客となり「農民よ、豊かになれ」と語った。このような時代は、非共産党知識人、あるいは、旧メンシェビキ、エスエルら知識人が影響を与えたロシア共和国農業人民委員部など、知識人政策でも緩和されたかにみえた。文化政策でも一九二五年が自由化の頂点であった。

けれども、党官僚には農民に権力を分与する考えはいっさいなかった。農民と権力との関係で政治警察（OGPU）が注目していたのは「農民組合」という組織である。この組織は労働組合にならって、革命前から農民が創設を要求したもので、ボリシェビキ党もこれを支持した。だがネップ期に、農民がこの創設を要求しはじめた時、党は拒否した。レーニンも一時は農民組合を前向きにみたが、しかし忘れられた。

『極秘――ルビャンカからスターリンへ』の報告では、一九二六年には南部などで、農民が自分たちの同盟を求めるビラが増加し、独自の農民党創設までを視野に入れはじめたことがみえる。農民たちはいぜんとして飢えており、チュバシで農民は「ソビエト権力は農民から税金を取るだけで、飢餓の時は助けてくれない」と語っていた（73:1:302)。

しかし地域の党書記たちはこれが「農村での階級闘争の激化」であるとしかみなかった。合同反対派もこの党内右派がすすめたソビエト活発化は非党員農民の力を強めるだけだという「スターリン、モロトフの考えは正しい」とみた。もっとも親農民的なブハーリンですら闘争の激化という認識を支持していた。だが一九二六～二七年には、その農民の要求はいっそう強まった。しかしスターリンやモロトフは一九二八年七月の党中央委員会総会で、これが農民党創設につながり、ブルジョワ政党建設になりかねないと拒否した。

多発するストライキと反ソ活動

もう一つ、労働者の権力を呼号する党にとって皮肉な問題も起きた。モロトフは一九二五年の第一四回党大会でソ連は「労働者国家」だと言いきったが、そのようなイデオロギーとは裏腹に、同年で工業労働者は一九一万人と戦前レベル以下、人口のせいぜい一パーセント強しかいなかった。いな、労働強化を強《し》いられて労働者は反対活動に立った。『極秘――ルビャンカからスターリンへ』のなかで注目されるのは、公式報道での沈黙とは逆にスト報道の多さである。なかでも一九二五年には組合にことわりなく、イワノボ・ボズネセンスクの繊維工が決起した。彼らは農村出身の労働者であったが、民主化要求が出た。ふつうの労働者の声を無視できないと党政治局で声を上げたのは、唯一たたき上げの労働者トムスキー政治局員であった。同地での官僚的労組に対するストも一九二六年を通じやむことがなかった。一九二六年四月、ストライキに全国で四二〇〇名が参加した。労働者間でのアナキストたちの活動にゲンリフ・ヤゴダなど政治警察（ＯＧＰＵ）幹部は神経をとがらせた（73:1:26）。

だがこのような政策を資本主義への妥協とみる左翼反対派は、十月革命以来の反目を棚上げしてトロツキー派、ジノビエフ派からなる合同反対派を作った。ゼルジンスキーが一九二六年に亡くなったことで、左派にとっては重しがとれた。けれどもスターリンやブハーリンなど党中央は彼らを「社会民主主義的偏向」と断罪した。ロシア革命一〇周年の一九二七年までに反対派は敗北した。トロツキーは、アルマアタでの幽囚《ゆうしゅう》生活から、一九二九年トルコ経由で海外に去り、ジノビエフはただちに復党を申請して恭順を示した。

この間、地域や共和国では、「反ソ活動」や「匪賊」活動、他の「反ソ政党や党派の活動」が増加したと政治警察（OGPU）も分析した。知識人や教授たちの政治動向も分析されたが、多くは敵対的とみられた。一九二六年一月の分析には労働問題が一四四ヵ所、農業紛争が八九ヵ所で生じたと指摘された。民族地域三五ヵ所での民族主義的行動が指摘された。これとは別に一一ヵ所で農民同盟の要求が問題となり、この他三四県で一四八の同様の要求が出ていることに注目していた。

トロツキーら反対派に対してモロトフらは「農民との合意だけが社会主義革命を救う」と言った。だが党官僚もまた農業についてほとんど知らなかった。そのモロトフがネップ末期に農村問題に乗り出したことは、農業が政治的重要性を持ったことの象徴であった。一九二七年一二月の第一五回党大会で、彼がはじめて集団化についての報告にのぞんだ。モロトフにとって、社会主義とはすべての生産手段が社会によって処分される体制のことであった。だがそのためには、個人農は敵に他ならない。「中農」が成長して、「貧農」が減少していることに危機感を持った。

このモロトフ報告の作成に利用された政治警察（OGPU）の一九二五～二七年の農村での反ソ活動報告では、二四～二七年にかけて農民同盟運動などへの宣伝が強まっており、四年間で一五倍にも達していることが示されていた。これを受けてモロトフは党大会の「農村活動について」のテーゼを準備した。ここでは「資本主義的要素を一掃」し、大集団農場からなる農業集団化の課題を出した。もちろんこの時の課題は一九三〇年前後の全面的集団化を目指したものではなく、農村内の富裕層であるクラークについても、その後の現実である「絶滅」ではなく、まだ「制限する」と控えめなものであった。のちにモロトフは、スターリンがはじめてコルホーズを提起したのが新機軸であると評価した。

「戦争の噂」のなかで

しかしクラークに対する制限という方針から圧力強化へと、そしてついには一九三〇年一月の「階級としての絶滅」という急進的な方針へと旋回した理由には、現場での政治過程の変容があった。いな、それは一九二八年でなく、すでに二七年までに現れていた。農村を政治統制の角度から見てきた政治警察（OGPU）は、一九二七年の英国との国交断絶や戦争の切迫という事態が「戦争には至らない」ことを知っていた。にもかかわらず、戦争の脅威を農村内での「クラークや反ソビエト分子の蠕動《ぜんどう》」と結びつけるキャンペーンを行った。

この「戦争の噂」を受けて、各社会層が祖国防衛にどういう立場を取るかの調査をさせたのは、モロトフその人であった（73:1:25）。これを受けて農村内で「農民組合」を作れという要求は、ますます「反ソ」の証拠とされた。「戦争の噂」のなか、一九二七年半ばには知識人の逮捕も生じた。こうした結果を受けて一九二七年末の第一五回党大会でモロトフは農村報告を行った。

一九二八年が転換点となった。運命の転換点の一月初め、モロトフ自身はウクライナの農村に赴いた。穀物を「クラークだけでなく、穀物のあるところから」取り上げるため、「非常事態の教訓を得る」ことだった。穀物車両で寝てウラル、バシキールと旅した彼は、モスクワに戻ると一月一二日の政治局会議で「いかに圧力を行使したか」を報告した。

これがスターリンを刺激した。一月一五日から彼は生涯で唯一の農村旅行、シベリアへ行った（4:377）。農民から穀物を権力的手段で取り上げるというスターリン革命の始まりであった。ミコヤンやカガノビッチといった党官僚もやがて穀物調達のため農村に行った。彼らに対し「穀物をよこせ」「戦時共産主義の復活」という声が強まったと一九二八年初めの治安関係報告書は伝えはじめた。権力的手段による調達を指示したら、たちまち農村から「ネップの終焉《しゅうえん》」「食糧徴発隊の復活」「なぜ二〇年の復活なのか」といった批判が生じた。

スターリン革命の担い手モロトフ

緊張は指導部を切り裂いた。一九二八年三月強硬路線に立つモロトフは、穀物や工業化のテンポが遅いという理由で、穏健派の首相で同郷の先輩ルイコフを批判した。スターリンと政治局もモロトフを支援した。それでも非常措置はあくまで例外的措置とする見方が有力であった。

このスターリン革命の担《にな》い手であるモロトフにとって敵となったのは、ネップ期には同盟者と位置づけられたはずの農民であり、そして党内で彼らの利益を擁護する右翼反対派、つまりルイコフ首相、ブハーリン、トムスキーといった政治局員であった。

一九二八年四月、モロトフとミコヤンは党中央で穀物調達の督促をした。モロトフは戦線を広げた。炭田地帯のドンバスに赴《おもむ》いて、政治警察とともに専門家たちへの民衆の不満を背景に専門家排斥運動、シャハトィ事件を組織した。四月の党中央委員会総会ではモロトフは右派批判を指揮した。深刻な政治危機は、従来の指導集団を分裂させた。その意味では、政治局だけでなく党からトロツキー、ジノビエフらを追放して党の団結を確認した一九二七年の第一五回党大会からわずか数ヵ月で、スターリン、モロトフら中央派とブハーリン、ルイコフ、トムスキーらの右派との間に亀裂が走った。

党指導部の分裂、右派とスターリン派との激突が首都モスクワの党組織から始まったのは偶然ではなかった。この組織を握っていたウグラノフ第一書記をスターリン、モロトフら指導部は看過《かんか》できなかった。というのも彼が首都の党組織を握っていただけでなく、党中央委員会書記として党内で政治局、組織局、書記局にまたがる人脈を有し、スターリン、モロトフに次ぐ事実上の第三位の地位にあったからだ。

モロトフからみてウグラノフはともに戦時共産主義期ジノビエフ派の牙城《がじょう》、ペトログラード組織で彼に反抗し、そのためともにニジニ・ノブゴロド組織に行ったという個人的因縁、親近性すらあった。しかしそれだけにより危険な敵でもあった。モスクワは一九二七年までは反トロツキー派の拠点だったし、そのもとにはリューチンなどのように「レーニンの遺言をまもれ」とスターリン更迭《こうてつ》を呼号する闘士もいたからであった。

クラークをめぐって

亀裂のきっかけは、政策論争だった。ボルガ地域に赴いたウグラノフは、モロトフとは正反対に、穀物価格値上げによる市場維持という、農民寄りの結論を引き出していた。二〇〇〇年に出版された全五巻の『ネップはいかに崩れたか』は、一九二八年危機の党中央委員会総会の詳細な記録である（29）。トロツキーら左派を追放し、いまや重工業化と農業集団化という「偉大な転換」をはかるスターリンやモロトフにとって、ブハーリンなどの党内右派は除去すべき敵となった。

モロトフはトロツキーら左派と右派をともに中央への偏向、分派と批判した。しかし党内右派の考えとは、農民と共存するネップ期の党、政府の主流派の考えに他ならなかった。スターリン、モロトフは「ボリシェビキに落とせない砦《とりで》はない」と、農村に行って、非常手段を行使しても穀物を取り上げるべきだと確信していた。都会から派遣された党員などの全権代表が、「穀物をよこせ」と言って非公式な権力を行使して取り上げた。農民は絶望的に抵抗した。ウグラノフは、調達危機はたんに価格問題であって、階級対立ではないとみた。政策の過誤により農民やパルチザン経験者まで党から離れ、クラークに頼っていた。

だがスターリンらは、「クラーク」をたんに制限するだけでは不十分であり、彼らへの全面的攻勢まで持っていく必要を主張した。「農民利益擁護」をかかげたウグラノフに対し、新任のモスクワ党書記バウマンは、「クラークを根本的に覆《くつがえ》すべきだ」と言った。

夏にかけて危機が昂進するなか、非常措置、つまり農民への圧力をどこまで適用すべきかが、主流派と右派との争点だった。モロトフの最初のこの面での貢献は、モスクワ党組織からの右派の追放だった。結局最後には、スターリン自身が市の党総会に直接のりこんで「右派偏向」を責めた。ウグラノフの抵抗はここまでであった。一九二八年一一月モロトフ自身がモスクワ市党委員会を指導することになった。モロトフにとっては一九一五年に党活動を始めて以来のことだが、二九年まで首都の党組織を監督した。

この間政治局や党の総会などで首相ルイコフやブハーリンら右派政治局員も、クラーク問題は、経済的手段で解決できると主張した。スターリンと右派との路線対立が激化した。これにはいうまでもなく工業化問題が絡《から》んだ。スターリン派は、シャハトィ事件など、経営者・技術者の絡んだ事件は、階級闘争の現れ、階級的サボタージュなのだと言いだした。右派の主張である軽工業を重視せよという考えは誤りとされた。一九二八年一一月の総会は、モスクワでの右派偏向に警告を発した。社会の雰囲気も急にとげとげしくなった。「若者は自由への志向がもはやない」と、科学者のベルナツキーは八月の日記に書いた。

農民が最大の階級敵

一九二八年から二九年にかけて、農民たちは、治安情報によれば「反ソ活動」「テロル」に参加しはじめた。

農民の大衆行動は、一九二六〜二七年に六三件だったのが、二八年に七〇九件、二九年に一一九〇件となった。一九二八年一〇月の政治警察（ＯＧＰＵ）秘密部報告は、「農民防衛同盟」「勤労農民党」「ウクライナ百姓党」といった半ば自然発生的な集団が形成されつつあることに警戒感を示した（73:2）。

農民組合がもっとも人気のある組織であった。一九二九年にはドン地方で「農民同盟」が結成された。宗教的事件も一九二六～二七年は各一件しかなかったのに、二八年には四四件、二七五名が拘束される衝突が起きた。こうした農民の抵抗に、権力が村ごとに責任を問うシステム（「黒表」）が一九二九年から使われだした。

最大の組織拠点が崩れたあと、「プラウダ紙」新聞社、労働組合といった右派政治局員の政治的拠点は次々に落ちた。労働組合の事実上の死について、金属労組活動家のコーゼレフは、日記に、スターリン派の圧力により状況は絶望的だと書いた。一九二九年三月、ウグラノフらはモスクワの指導部から形式的にも解任された。かわりのバウマンはそのあと農業政策で、スターリンらから「左派偏向」を批判されるまで、極端に振る舞うことになる。

一九二九年四月、ブハーリン、トムスキーら右派政治局員は、それぞれの拠点組織から解任された。ソチで夏休みを取ったスターリンは、一九二九年八月一〇日のモロトフ宛書簡でブハーリンを責め、そして「投機分子」を取り締まるなど緊急措置をとって穀物調達を急がせた。この書簡はそっくりそのまま政治局決定となった。

一九二九年八月二三日付書簡では、スターリンはブハーリンに関する密告を読んで、「ブハーリンは日和見《ひよりみ》主義の泥沼に転落し、デマとか偽造とか強請《ゆすり》とかに助けを求める」と書いた（61）。一〇月初め、ブハーリンを政治局から追放するきっかけはスターリン夫人アリリユエバも在学した工業アカデミー問題だった。フルシチョフという抜け目ない若手党官僚がウクライナから来た。

一九二九年一一月の党中央委員会総会で、モロトフはスターリンとともに三名の政治局員を激しく「分派主義への道」と責め立てた。経済学者でゴスプラン(ソ連邦閣僚会議国家計画委員会)のバザーロフらに対しても同様だった。そして集団化を急がせた。北カフカースについては一九三〇年夏には集団化できると促《うなが》した。ルイコフだけはまだ首相職を維持した。

しかし一九二九年一一月にはトムスキー、ブハーリンは政治局員を解かれた。一二月、スターリンは公称五〇歳を迎えていたが、モロトフらの協力で主要権力基盤を握ることにより権力の頂点への長い道のりはこうして完成した。本来は右派の支持に回るはずの赤軍も、西側の脅威を前に工業化と軍事強化を掲げるスターリン派への支持に向かった。ボロシーロフ政治局員や赤軍政治管理部長から教育人民委員に転じたA・ブブノフら古儀式派系の軍人党員も工業化を支持した。こうしていよいよ階級敵の拠点、農村に全面戦争をしかける時がきた。

第四章　スターリン体制とスターリニスト

一九三〇年代当初の集団化は、三二〜三三年には大量の飢饉を呼び、三二年前後スターリンの統治には多くの批判も生じた。しかしこの危機に強圧策で臨んだスターリンは、三四年党大会を乗り切ると、年末のキーロフ暗殺事件を奇貨《きか》として、国際・国内政治の両面で大胆な緩和策に乗り出したが、他方党内では反対派や原理派とでもいうべき忠実な党員まで粛清する挙に出た。

スターリン豹変す

スターリン時代ほど逆説に満ちた時代もない。スターリン個人の相貌も時期によって変わった。モロトフにかわって党務をまかせられたカガノビッチは、回想している（19:154）。

戦後のスターリンは戦前とは別人だった。一九三二年と一九四〇年とのあいだでも別人だった。三二年までとも別人だった。彼は変わった。私には、少なくとも五〜六人の多様なスターリンがいた。

「マルクスを読むチンギス・ハン」（ブハーリン）と呼ばれた指導者は、一方で農村を破滅においやり、他方で巨大な工業化、つまりは軍事関連施設を作り出した。一九四一年の緒戦ではどのような国家も経験したことのない敗北を喫する。だが半年後には戦後の超大国秩序を構想しはじめた。共産党員を工業化と集団化のテコに使いつつ、彼らの多くを一九三七年前後の大粛清で物理的に抹殺した。反対派はメキシコの地で暗殺されたトロツキーのように一掃された。

モロトフ回想では、一九三七年の粛清で「第五列」、つまり味方のなかに潜《ひそ》む敵を絶滅したからこそ、大祖国戦争で勝利したと主張した。だが作家シーモノフが言うように、一九三七年があったからこそ四一年敗北の悲劇が生じたとも言える。一九三〇年代の集団化、ウクライナなどでの農民抑圧なくして、ヒトラーはソ連侵略を始めたであろうかと論じることも可能である。

スターリンは「国家の死滅」を呼号したが、「死滅は国家の強大化を通じて」と、リバイアサンも恥じ入るような強大な抑圧国家を作った。それなのに権力は、自らの意思が末端まで貫徹しないことへの不満を感じてもいた。秘密の警察網といった抑圧機構を作り、かつてない規模で囚人労働が利用されたが、それは責任者ベリヤも認め、廃止せざるをえなかったように、生産性はおそろしく低かった。

スターリンが政治経済を完全掌握

実際スターリン体制は、彼が最高権力者となった一九二八年から死亡する五三年まで、いくつかの転換を見た。一つは集団化に始まり一九三二年末の飢饉で頂点に達する農民との戦争、第二は、農民との戦争でしだいにスターリンに距離を取りはじめた党・体制との闘争、である。

これらはいずれも国内の「敵」との闘争であった。「味方でないものは敵だ」という哲学が彼を支えた。かつての同盟者が敵に転化すると、「党内に潜む階級敵」としての「第五列」を摘出し、孤立させ、そして粛清するという血なまぐさいドラマが展開された。そこにはいっさいの政治的配慮もなく、ひたすら「階級闘争の論理」に徹した。

こうしたなか、正式には人民委員会議と呼ばれた政府は、一九二〇年代初めはレーニン、彼の死後はルイコフのもとで経済政策の中心となってきた。ネップ期には政治的目的より経済の合理性が尊重された。なかでも市場経済のネップのもとで、財務人民委員部などは右派の牙城《がじょう》の観があった。フルムキン代理の一九二八年七月の書簡では、モロトフの圧力による集団化路線に正面から批判を行ったが、これはネップ支持のブハーリン、ルイコフなど右派の考えでもあった。経済政策の策定でも、トロツキーら左派、ゼルジンスキー、クイビシェフなど最高国民経済会議に対して、政府は穏健な路線が主導的であった。ルイコフ首相はモロトフと同郷でもあったが、なにより農業がわかる指導者として重みがあった。

逆にスターリンはモロトフ配下の党機関を、集団化など農村政策の中心のテコにしようとした。党内闘争とはいわば党と政府の対立でもあり、その暗闘でもあった。しかし一九三〇年一二月にルイコフが最終的に解任され、モロトフが後任の首相となったことは、スターリンが政治と経済を完全に掌握したことを象徴するものであった。

恐怖の四年間

一九四二年八月モスクワを訪問した英国のチャーチル首相に、現下の独ソ戦ですら「四年間の恐ろしい集団化」に比較すれば軽微だ、とスターリンは語ったことがある。それは何十万単位の地主ではなく、「一〇〇〇万もの農民」との戦争であった、とスターリンは述べた。一九二九年末からの全面的集団化、クラーク絶滅から、三三年の大飢饉についての四年間を指摘したものであった。

実際この一九二九年末からの農民との戦争は、革命よりも大きくロシア社会を変貌させた。多くの農民はコルホーズという名の集団農場に統合され、抵抗する者は容赦なく階級敵として、極北や中央アジア、シベリアに送られた。権力と農村社会との関係は極度に緊張し、不安定化した。なかでも先のカガノビッチの「三二年のスターリン」という指摘を待つまでもなく、一九三二〜三三年には追放、飢饉、そして粛清といったことが極限にまで至った。

農村政策だけでなく、すべてのパラメーターはスターリンに逆風となった。この頂点が革命一五周年の一九三二年一一月、南部のクバンでコサック農民の村ごと追放を決定したクバン事件であり、またその前後スターリン夫人アリリュエバが自殺したことである。ちなみにこの過程について筆者は、一九八〇年代初めにある程度の実像を記述していたが（101）、その危機の規模については『スターリンとカガノビッチ往復書簡』などの書簡集が出版されて、改めて知りはじめたばかりである（80）。

危機は一九二九年末までに沸点に達していた。スターリンとモロトフはあくまで強硬派であった。一九三〇年初めの全面的集団化（一月五日）とこのためのクラーク絶滅の「クラークの階級としての絶滅」に関する一月三〇日の政治局決定が、モロトフを中心に策定されたものであったことはよく知られていた。それでも『ソ連農村の悲劇』といった資料集に姿を現すモロトフは、いっそう具体的である（74）。スターリン、モロトフに加えて政治警察のゲンリフ・ヤゴダ、また地方党書記たちがその時の強硬策の中心であった。

クラークとは富農を意味したが、実際は農村秩序を体現する存在であった。したがってクラーク絶滅の対象となったものには、中農や貧農もあった。いな、貧農たちこそが穀物保持のため絶望的に抵抗した。

当初一〇万のクラーク家族追放を目標としたのを、一九三〇年一月末に二一万家族追放へと修正したのはモロトフの指示による。農村人口の約五パーセントとみられた「クラーク」を絶滅させることを決めたのである。モロトフ自身は四〇万のクラーク農戸を追放したと言っているが、それは際限なく広がった。

こうしてコルホーズは作られた

クラーク絶滅をふくめ、政治警察（ＯＧＰＵ）や「積極分子」を動員した一九三〇年春の穀物調達と集団化カンパニアは、農民との戦争に他ならなかった。集団化は紙の上のみの集団農場と抵抗を生み出した。スターリン権力は農村をまったく政治警察の角度からしか見ていなかったことをソ連崩壊で公開された集団化資料が示している。政治警察（ＯＧＰＵ）は農村への「行政的」手段の中心であった。

この集団化資料はスターリンの指示で、一九三〇年二月から全政治局関係者たちにも配付された。これによると一九三〇年、農民の大衆反乱は一万三七五六件も起き、三〇〇万人以上が参加した（80:13）。半分以上が集団化への反抗であった。このうち三分の二は、一〜三月期に集中している（74）。もっとも武装反抗は、七六件のみで、三七一二件は女性たちの反抗であった。

別の資料では農民の不満は、一九二九年には一万二七八一件であったのが、三〇年には三万一九九八件となった。武装反抗で赤軍や政治警察の部隊が出たのは九九三件、空軍すら動員された。その過程で、反抗する農民の逮捕・追放・発砲すら珍しくなかった。中農よりむしろ貧農のほうがこれに抵抗した。

農村は内乱寸前の危機にさらされた。権力に対する農民の激烈な反応を見たスターリンは三月初めに「成功による幻惑」という論文で、行き過ぎの責任を地方の党官僚に転嫁し、いったん退却する。だが集団化は人為的に進められた。多くの有力農民が追放処分を受けた。

コルホーズはこうして上からの行政的、官僚的方法で作られた。都市・工場からコルホーズに直接働き手を送り、地区党委員会ライコムが人事だけでなく生産の細部に至るまで統制していた。集団化の過程で「クラーク」との烙印《らくいん》をおされた数百万の従来の農業生産力の担《にな》い手は追放され、この過程で放火など農民の伝統的抵抗が起き、また多くの畜力も屠《ほふ》られたため、農業生産性は大幅に低下した。農民たちは自己を守る手段、財産もない状態におい こまれた。もっともこのような状況が、権力の恣《し》意のみで行われたわけではない側面も無視できない。コルホーズはある種の共同体秩序を呑み込み、内攻する貧農の「クラーク」に対する反感、「階級的憎悪」を組織してもいたのだ。

強硬策の中心にたったモロトフ

こうしたなか、一九二九年末までに党内での反対派を抑え、絶対的な指導者となったスターリンは、政治局の中核に二〇年代の書記局関係者（クイビシェフ、モロトフ、カガノビッチ）を配した。右派系の政治局員ではルイコフ首相だけが残ったが、モロトフによれば、「我々の仕事を信じない連中が政治局にいた。ルイコフはドンで農民蜂起が起きる」と言っていた。ドンはコサック、古儀式派の拠点だった。このようにルイコフの政府に対してスターリン指導部の不信は深かった。事実一九三〇年六月の党大会の農業報告は、党機関の責任が強調される一方、政府機関にほとんどふれていなかった。それでも一九三〇年春の「行き過ぎ」をうけて、まだ慎重さが残っていた。

だがモロトフがウラルを旅した夏以降、雰囲気が変わった。個人農へ圧力をくわえることを休暇先のスターリンは求めたのである。一九三〇年九月穀物調達会議や政治局会議を主導したモロトフは、このスターリンの指示のもと、再び集団化路線の中心に立ち、地方組織に再度主導的役割を要請した。スターリンとモロトフの往復書簡によると、スターリンはひたすら穀物輸出のために、強硬路線を再開した(61)。スターリンはソチからのモロトフへの九月二二日付書簡で、それまで首相として政府を指導してきたルイコフを追放することを指示した。

こうしてモロトフが一九三〇年一二月、首相に任命されたが、二七年末からの党内闘争に決着をつけ右派を追放する過程の仕上げであった。同時に、モロトフがつとめた党中央委員会の仕事は、カガノビッチの担当に替わった。ちょうど一〇年前ニジニ・ノブゴロド組織でソビエトをモロトフが、党はカガノビッチが分担して以来のコンビである。

一九三〇年一二月一九日の党中央委員会総会統制委員会はルイコフを政治局、首相職から解任し、かわりにモロトフを当てた。いってみれば党中央が直接経済問題に関与することとなった。ちなみに政治局会議は首相が司会をする習わしだった。この間、当初はスターリン支持者でありながらやがて集団化に慎重さを求めたロシア首相シルツォフも同僚のロミナッゼとともに一二月、「右派・左派ブロック」として追放された。

右腕のモロトフを政府に、左腕のカガノビッチを党に

モロトフの一九三〇年一二月の首相就任は、このようなスターリン統治の展開の結果であった。モロトフのつとめてきた党務は、カガノビッチが担った。党書記は党監督の任務にも就《つ》くこととなった。つまりスターリンは右腕のモロトフを政府に、左腕のカガノビッチを党務に据《す》えた。

政治的決定の様式も変わった。政治局はすでに一九二七年から外交などは秘密会であつかう方式がとられていたが、三〇年一二月三〇日スターリンの提案で、「一〇日ごとに、外交・国防・秘密警察の事項を秘密会で審議することとなり、他方各五日の会議は残りの問題を通常の形式で決める」こととなった（63:6）。

モロトフ就任とともに、政府の大幅な再編成がなされた。それは政府内の非党員、これに同情的な共産党右派への抑圧というキャンペーンが基調となった。労働国防会議などが改組された。ソ連レベルではじめて農業人民委員部が組織され、画一的なコルホーズ農業の管理がはじまった。また右派のウグラノフが労働人民委員から解任されるなど、政府や省庁人事が一新された。

なかでもネップ期には、政府で働いていたグローマン、バザーロフ、コンドラチェフら非党員の有力経済学者が、一九三〇年の産業党、勤労農民党、メンシェビキ裁判などといったフレーム・アップ（捏造）事件で摘発された。彼らは一九二〇年代の飢饉の時にも追放・監視の対象となった人物であった。老マルクス学者で、ブハーリンとも近かったリャザノフは一九三〇年末モロトフの眼前でスターリンに抗議したが、直後に除名された。同時に、モロトフ宛書簡でスターリンが言ったように、これらの人事はブハーリンなど党内右派を引っかける材料を探すものでもあった。その翌一九三一年、「ありもしない政党」を組織したとして、無党派知識人が逮捕された。このうち産業党関連事件は、「ブルジョワ」専門家に対する大衆の反感を喚起する、ゲンリフ・ヤゴダら統合国家保安部の政治キャンペーンに他ならなかった。スターリンとモロトフは、書簡のなかで彼らを目障《めざわ》りに感じると指摘していた。

この専門家問題では、モロトフは若手の「赤色技術者」を登用しようとして、最高国民経済会議、のち重工業人民委員部のオルジョニキッゼとの対立も強まった。これは、政治的に高い経済成長率を目指すスターリン、モロトフと、より現実的な数字を求めるオルジョニキッゼの対立を背景にしていた。この間西側では、ソ連の林業では強制労働が行われているという批判が高まった。首相モロトフが、これを否定したのは一九三一年三月の第四回ソビエト大会であった。しかし同年三月カレリヤ地方を訪れたチェンバレンら西側記者たちはこの現地立ち入りを拒否された。それでも農民が林業でも労働を強要されていることを探すのにさほど困難はなかった。

この過程は、奇妙な「文化革命」とも一体であった。一週五日からなるプロレタリア暦を採用し、キリスト教的な日曜日（ロシア語では復活の日）をやめよといった議論もあった。戦闘的無神論者による教会への攻撃は、一九三一年のモスクワでの救世主キリスト聖堂の爆破で頂点に達した。かわりに頂上にレーニン像を戴《いただ》く壮大なソビエト大会宮殿が建設されるはずであった。ちなみにこれを実行した、ユダヤ人でモスクワ党書記を兼ねるカガノビッチは、ロシア人が反発するのをおそれた（19:47)。

神聖不可侵の社会主義財産

一九三一年、モロトフ首相のもとで集団化とクラーク絶滅のキャンペーンは再開された。だがこの結果、ウクライナ、北カフカース、ボルガ沿岸地域などで一九三二〜三三年に大きな飢饉を生み出した。このためにこれらの地方の党幹部らを深刻な動揺が支配していた。カザフなど遊牧民族地域でも、家畜の九割が失われ、遊牧民たちは約三分の二が移住したと、地方の第一書記は語った。だが穀物は当時最大の外貨獲得手段であって、スターリンは「猛烈に輸出を強化せよ」と指示していた。飢饉の報道以降でも輸出を政治局は指示した。

だが一九三二年春には、飢饉は深刻化した。強硬な集団化はいったん緩和された。ネオ・ネップになるのではないかという期待もあって、実際コルホーズ市場の解禁など一定の緩和策がなされた。状況は強硬派スターリンの政治的立場を弱めたかに見えた。こうしたなか五月末から八月末までスターリンは南部で休暇を取ったが、状況は悪化の一途をたどった。七月、危機が深刻なウクライナにモロトフ代表団が赴《おもむ》いた時、スターリンは「ウクライナを失うことになる」と発破《はっぱ》をかけた。緩和策は幻想だった。反攻が準備されたのである(80:179,241)。

スターリンは一九三二年七月二四日、カガノビッチ、モロトフに「社会主義財産は神聖不可侵である」と書き送ったが、八月には悪名高い社会主義財産保護法を自ら執筆し、コルホーズの穀物や輸送途中の穀物を奪取する者は最高刑で死刑とするという法律を実施した。

だが秋になってもコルホーズへの農民の消極性、都市への穀物調達は停滞したままだった。一九三二年九月、飢饉の目立ちはじめたウクライナでは共産党地方幹部が調達計画を下方修正したことに、スターリンとモロトフは危機感を覚え、警告した。業《ごう》を煮やした政治局が状況の悪い北カフカース、ウクライナに強硬策を採《と》ることを決めたのは一〇月下旬だった。農業担当書記のカガノビッチが北カフカースに、そしてモロトフ首相らがウクライナに派遣された。ちなみにチューエフに「一九三三年の飢饉とは特別にスターリンによって組織されたのか」ときかれたモロトフは、「そんなことは共産主義の敵の言うことだ」と後になって答えている。それはスターリン指導部の強硬策であった。

モロトフが強行した一九三二～三三年のキャンペーンでウクライナが打撃を受けたことから、これはウクライナ民族主義の撲滅をねらったものだという説が出された（R・コンクエスト）。独立後のウクライナ政府は、国連に民族の「ホロドモール」、つまり人為的な飢餓死であると訴えている。だが、飢饉はカザフ、ボルガ沿岸をはじめ、ソ連すべての農民を痛打した。多くの農民が純生物学的生存水準におかれた。屋敷付属地のわずかな土地で生存の糧《かて》を得たにすぎない。農奴制以来の貧困状況におかれた。

行き過ぎた穀物調達と飢餓輸出

一九三二年一一月北カフカースに派遣されたカガノビッチ代表団では政治警察のヤゴダ、

ガマルニク参謀総長、コムソモール（共産主義青年同盟）の書記といった幹部が派遣された。穀物を出し渋った農村は丸ごと「黒表」にのせられ、目標を達成できなかった村は、極北などに追放する決定を行った。もはや敵は「クラーク」「富農」だけではなく、「コルホーズ」であり、コサックの村を丸ごと追放する新方式を実施した。最後は「我々が指導しないコルホーズは敵だ」にまで行き着く。スターリンの独創と讃《たた》えられたコルホーズだが、反革命の拠点になりうるという理論が、カガノビッチ党書記によって作られた。これ以降、政治部という非常機関をおき、地区党機関をも監督下におくというやり方が取られた。

モロトフも負けてはいなかった。数名の高官とともに一九三二年一一月にウクライナに派遣された彼は、抑圧措置を講じた。ここで党書記ハタエビッチと論争したが、それはモロトフが穀物のすべてが国家のものであり、種子までをも農民から取り上げる考えを持っていたからだ。同年一一月末、政治局会議で地方の幹部を責めたモロトフは、とくにハタエビッチを叱責《しっせき》する書簡を送った。穀物をめぐって鋭い緊張が生まれた。実際ウクライナで個人農への抑圧措置を講じたモロトフも、ハリコフ州のリュテニキなどいくつかの村を丸ごと追放した。

しかしこのような強硬策は、農村党員やスターリン派の地方第一書記ですら疑問に思える決定であった。さすがに、飢饉のさなかの穀物調達と飢餓輸出は行き過ぎと思われたのか、この地方の作家ショーロホフがスターリンとの仲介に乗り出した。とはいえ彼もコルホーズ農民が抑圧されているとは書けず、コルホーズの馬が抑圧されたと書いた（55:104）。

結局、一九三二年末に終わる第一次五ヵ年計画ははるかに目標を下回った。危機は深刻であって、党大会すら開けなかった。一九三三年一月、党中央委員会総会では、カガノビッチを中心にMTS（machine 機械、tractor トラクター、station ステーション）政治部のような中央直轄の非常機関が飢饉状況にある農村支配のテコとなり、また嫌がる地方党官僚を督促した。粛清《チストカ》がくりかえされた。

こうしたなかスターリンの党指導に対する党内での懐疑が再燃し、旧反対派も動きだした。レーニンの遺言に従って、スターリンの書記長解任を主張した旧右派のリューチン綱領が一九三二年半ば党内の一部で回し読みされた。もっとも秋の政治局で、この人物への死刑判決をめぐり、スターリンが孤立したという、メンシェビキ系ニコラエフスキー説はその後も論証されていない。

だが一九三二年後半、ブハーリン系の若手だったスレプコフ、マレツキーら三八名が逮捕され、さらに三三年一月の党総会では、スミルノフ、補給人民委員部のエイスモント、トルマチョフら旧政府関係者、つまりルイコフ系の党員が右派偏向として批判された。ルイコフ、トムスキーら旧右派もこのかどで処分された。

ちなみにスターリン夫人アリリュエバが自殺したのは一九三二年一一月の革命記念日であった。これに政治的動機があったのか？　それともスターリンの女性関係をめぐる嫉妬だったのか？　モロトフ夫人ジェムチュジナは宴《うたげ》の直後、彼女と一緒に散歩したが、不安定だったと夫に報告した。スターリンは「自分は悪い夫だった」と発言したと、モロトフ回想は言う（4:251）。

農民も労働者も苦しんだ

スターリン期の農民がまるで半封建的状況にあったことを象徴するのは、一九三二年一二月に導入された国内旅券制である。ブレジネフ時代にようやく旅券が交付されるまで、コルホーズ農民は都市への旅行は許されず、二級市民の扱いを受けた。ソビエト体制下では農民戦争のような農村支配であった。集団化と「社会主義的改造」の過程だからではなく、まさにその当然の結果として、農村民衆の生活水準は低下した。

一九三三年五月、政府と党は秘密決定で大量逮捕と追放を一応停止した。強硬策は、多くの犠牲者を出した。拘禁人員は八〇万人から四〇万人に減らされることとなった。しかしモロトフが党のカガノビッチとともに警戒を緩《ゆる》めなかったことはその後の二人の穀物調達指示が示している。一九三二～三三年の餓死者の数は、最新の計算では五〇〇万～七〇〇〇万人前後と見積もられている。人食いの報や、孤児の激増も伝えられた。

この間、国民の生活水準は低下の一途をたどった。スターリン期の配給制度を研究したオソーキナはこう指摘している。

配給制度下の農民よりもひどかったのは、収容所の囚人だけかもしれない、もっとも一九三二～三三年の飢饉下の農民と比較してどちらの死亡率が高かったのかは、誰も計算していないが(56)。

だからといって都市労働者の状況が良かったわけではない。物不足は極限に達していた。食肉の配給制は一九三〇年から始まったが、そもそも人口の八パーセントにしか配給は予定されなかった。一九三二年のメーデーで、レニングラード労働者は「勝利 pobeda」を、「食事 obed」や「不幸 beda」と省略した。一九三〇年代前半の労働者は革命前よりもひどい状態だった(98)。

大胆なイワノボ・ボズネセンスクの繊維工は一九三二年春、ネップの二五年と同様に非公式ストライキを打った。永遠の反対派、古儀式派色の強かったイワノボ・ボズネセンスクの繊維工は四月、食糧不足に対抗してテイコボ工場の労働者が非公式に決起した。米国の歴史家ロスマンが指摘するように、迫りくる配給の破綻《はたん》と飢餓に対抗してデモをも敢行した。特権的な党員は不参加だったが、それでも三一名の党員が労働者と連帯したと報告する。労働組合の活動家も三分の一がこれに参加した。だが、首謀者はカザフに流刑となった。ちなみに筆者も一九八〇年代、このストについて指摘したが、首都モスクワの繊維工による同情ストを当局は警戒していた(98)。配給制でも工場関係者以外には砂糖しか配給されなかった。秘密警察資料によれば、彼らは一九四一年秋もふくめ、たえず非合法ストを辞さなかった。

「勝利者の大会」から大粛清へ

一九三七年の大粛清への評価を問われた老モロトフが、これは人民的悲劇だが「それを避けて通れなかった」と言いきったのは七一年であった。これは一九一七年革命の続きなのであって、指導部の専横のせいではない。トロツキストや右派がいるなかでは、動揺分子が犠牲になるのもやむをえない、火のないところに煙は立たない、とモロトフは答えた(4:428)。

一九三〇年代半ばからの大テロルは、ソ連史でも一つの謎であった。フルシチョフが一九五六年の第二〇回党大会で暴露し、その後異論派の仕事を経て三〇年代の大粛清が明るみに出た。なぜ革命の元勲、レーニンの戦友たちまでが粛清の対象になったのか？　なかでも一九二〇年代末の集団化から三三年の飢饉をめぐる党内での鋭い緊張、中央と地方党官僚の確執が、その後の対立に連動したのではないかという仮説は八三年に筆者が英国バーミンガム大学で発表した論文で提起した（101）。実際、一九三二〜三三年の飢饉のなかで、スターリン、モロトフ、カガノビッチ指導部の強硬な姿勢に地方党幹部の不満は高まっていた。

一九三三年春までの鋭い危機を乗り切ると、翌年の党大会へ準備が始まった。勝利者の大会と呼ばれた第一七回党大会でスターリンへの不満は強まった。けれども一九三三年までの危機を乗り切ったスターリンはこの「勝利者」の大会を何とかこなした。ウグラノフら右派やジノビエフなど旧反対派も表面的には参加と発言が許された。元「プラウダ紙」編集長ブハーリンは今度は政府機関紙「イズベスチャ」の編集長に復帰した。

けれども大会時、書記長スターリンに批判的な党中堅幹部の集団があった。この時党内の中堅幹部に反スターリン感情と、かわりの候補を書記長に推す雰囲気があることをもっとも明瞭に回想しているのは、意外にもモロトフである（4:374)。

なかでも飢饉の中心、北カフカース党書記のシェボルダエフは一九二〇年代にモロトフ書記の下《もと》で働いた経験があるが、有力幹部八〜一〇名とともにキーロフを書記長に推薦したことをモロトフは回顧した。もっとも彼らがキーロフに直接話した時、彼は「何という馬鹿なことを、私が書記長だって」と取り合わなかった、という。フルシチョフの女婿《じょせい》であるアジュベイの回想はやや異なる。地方党書記数名がキーロフのところにやってきてスターリンの粗暴さを訴えた。そこを通りかかったスターリンにキーロフが取り次いだら、「セルゲイ、ありがとう、このことは忘れない」と話したという（11:142)。一九九九年のミコヤン回想録によれば、キーロフのところにシェボルダエフがやってきて、一群の党員が書記長になってくれと言ってきたが、キーロフは断り、政治局に伝えた（46:593)。実際、ウクライナの地方党幹部も中央のカガノビッチを更迭《こうてつ》すべきだと指摘したことをスターリンの通訳も証言した（16:241)。

この大会では参加者中、二八五名がスターリンに反対投票を行った。大会ではスターリンは新参のレニングラード党書記キーロフと同格の書記となった。けれども一九三七年から三八年でこの党大会の参加者一九六六名中、一一〇八名が逮捕され、八四八名が銃殺された。

中央委員では九八名が犠牲になり、四一名しか残らなかった。

一九三四年以降、状況は緩和したかに見えたが、変わったわけではない。九月に全権代表として訪れた西シベリアでモロトフは強圧措置を命じた（74:4:219,77:413）。地方党書記エイヘは、フルシチョフが第二〇回党大会でスターリンの犠牲者として紹介した人物だが、現代の歴史家パブロワは、一九三〇～四〇年の間シベリア農民の公開裁判、銃殺、処刑と、スターリンの指示通り冷酷に遂行したと指摘する（『歴史の諸問題』二〇〇〇年四号）。実はそれはモロトフからエイヘへの直接指示でもあった。

キーロフ暗殺事件

一九三〇年代後半、スターリンがジノビエフやブハーリンといった旧反対派指導部だけでなく、党や政府、軍の忠実な幹部をも大粛清した事件は、大きな謎でもあった。権力と農民との対立、党内の混乱は一九三四年には一見緩和されたかに思われた。だが年末のキーロフ事件をきっかけに粛清は新たな段階に入り、政治的再編成に至った。

一九三四年一二月一日レニングラードの党書記キーロフが中央委員会書記として、モスクワ赴任直前にニコラエフという若者に暗殺された。ただちに同地に赴いたスターリンとモロトフらはこれが党内の旧反対派、ジノビエフ派の陰謀とみた。この事件をめぐって社会史研究者リンメルは、レニングラードでは配給への不満が蔓延《まんえん》しており、暗殺を都市食糧問題と関連付けてみている。当時の内部報告には、「ある老婆が、彼らがツァーリをやったように、今度はキーロフが殺された。これで生活はよくなるだろうと口走った」とあった。

だが事件の背後に、実はスターリンがおり、大粛清の引き金になったのではないかという仮説は当時からあった。自らの暗殺未遂にすら無関心だったスターリンが直後現地まで向かい、事件をいち早く「トロツキー＝ジノビエフら反対派」の責任と断定したからである。第二〇回党大会以降、当局は事件を六度も調査した。この結果ジノビエフ派の「レニングラード・センター」はでっち上げであることは判明した。しかしいまだ内務人民委員部関連資料などが公表されていないこともあって、真相は闇のなかである。老革命家カリーニンは直後にスターリンの出した法令には署名しなかったということが判明した。

実際モロトフとカガノビッチは当初、これはエストニアの特務機関の仕業《しわざ》と思ったという。同郷の政治家キーロフについては、モロトフにも複雑な感情があったものと思われる。一九六四年にフルシチョフによるスターリンのキーロフ暗殺関与説に反論した老モロトフは、反対派の自白しか引用していない（106:11:1:72）。ミコヤン回想は、スターリンがジノビエフ派に責任があると、重工業人民委員部の企業長を粛清しはじめたこと、だが他方で真実解明には不熱心であったこと、そしてカガノビッチの役割について記している（46）。他方、一九九三年にはキリリナという歴史家がキーロフ暗殺はニコラエフの単独犯行であるとして、スターリンの関与を否定する著作『リスコレット』を出した（31）。

同時期の一九三四年に、モロトフ自身もトロツキー系反対派のムラロフやアルノリドらによって襲撃されかけた。このことは一九三〇年代後半の粛清裁判でも指摘され、六四年の書箇でも想起している（106:11:2:81）。もっとも、彼は反対派の最大の標的がスターリンと親しいプロレタリア作家ゴーリキーであった、と言う。十月革命でレーニンを批判したゴーリキーだが、一九三二年スターリンの要請で帰国していた。ゴーリキーは一九三六年六月に亡くなる。棺《ひつぎ》はスターリンとモロトフが担いだ。それから二年後、彼をどうしても排除せよとトロツキーが指示したことが粛清裁判では指摘されたし、老モロトフもこれを事実と信じた。現在もゴーリキーの死因は不明で、一部にスターリンによる殺害説もほのめかされている。

大粛清の時代へ

けれども、なぜスターリンがたんなる地方党書記の暗殺事件にまで乗り出したのか、そして旧反対派粛清事件が一九三五年の「ジノビエフ－カーメネフ」裁判から、翌年の「トロツキスト・ジノビエフ派合同本部」、そして三八年の「右派・トロツキスト」裁判にまで至ったのか、十分な説明はない。

その点で二〇〇〇年の『歴史の諸問題』に出たジューコフ論文（三月、九月）は、ユニークな視座を提供している。彼はキーロフ裁判記録をよみ、事件と翌一九三五年初めにスターリン夫人の洗礼親であるエヌキッゼというクレムリン官僚（中央執行委員会書記）とクレムリン警護隊のペテルソンら要人が解任され粛清された「クレムリン事件」との関係を考察した。

その梗概《こうがい》は、現段階で、①キーロフを暗殺したのはニコラエフであること、②スターリンはこれを反対派粛清に利用したこと、この二点以上のことは証明できないでいる。だが、むしろ知られざるエヌキッゼ事件のほうが重要だとジューコフは主張している。

エヌキッゼはまったく反対派に属した過去のない忠実なスターリン派、しかも同郷のグルジア（現ジョージア）人であった。それが、キーロフ暗殺事件は個人的問題らしいといった噂を部下が流したことから、ブルジョワ腐敗分子、「トロツキスト」という理由で解任され、最終的には粛清された。

ジューコフの説明によれば、意外にも、このような忠実な党員による、反スターリンの陰謀が存在しえたとみる。その鍵は、スターリンの当時の国際政治面での大転換であり、これをめぐるボリシェビキ原理主義者ともいうべき忠実な党員と、「現実主義的・国家主義的」なスターリンらの対立である。

そうでなくとも一九三三年半ばまでにスターリンは、政治局内での微妙な対立関係が統制不可能になることに不安を感じていた。カガノビッチとの書簡からみると、九月モロトフの長期休暇に反対したスターリンは、休暇はオルジョニキッゼとの対立からの逃避かもしれないが、そうすれば「政治局と人民委員会議を飲み助のクイビシェフやカガノビッチに任せておけない」と不安すら示した（61:311）。なかでもオルジョニキッゼとの対立は深刻であった。

キーロフ事件は仮に単独行動であったとしても、政治大変動の引き金となった。一九三四年一二月のキーロフの死に続いて、三五年一月には、スターリン書記局の有力者、第一副首相のクイビシェフが亡くなった。モロトフは弔辞で、キーロフ事件に続く彼の死が「新しい力」によって補充されねばならないと語った。新しい力とはニジニ・ノブゴロドの党組織を経由して、一九三五年に政治局に入ったアンドレイ・ジダーノフであった。彼も古儀式派系といわれ、父方も母方もモスクワ宗教アカデミーの教育者であった（113:330）。

路線転換

一九三四年後半までにスターリンは、それまでの政治路線からの転換に乗り出した。世界革命とプロレタリア独裁を掲げた教条的な革命路線から、米国との国交回復、フランスなどとの集団安全保障、社会党や保守主義者との統一戦線路線といった「現実主義的」外交路線へと転じた。ファシズムに対抗する欧米民主国家との提携、象徴としての国際連盟加盟を志向した。国内政治でも「世界一民主的な憲法改正」、つまり階級原理をやめ、普通選挙制を採用することを宣言した。

国内の穀物調達が良好であったこともあってモロトフは、一九二九年からの配給制度を三五年からやめることを宣言した。スターリンも一九三五年一〇月、通貨や商業制度の重要性に言及し出した。一九三五年二月のコルホーズ大会では屋敷付属地や個人副業が緩和された。たのみの重工業も翌一九三六年までに伸長した。とくに軍需産業でこの成長は著《いちじる》しかった。

この一九三六年の政治改革、つまり選挙改革と憲法改正とは内外での緊張緩和を演出する意図があった。同年二月にモロトフは、スターリンの意向を受けて憲法改正を発議するが、それは経済の国有化・社会化が基本的に終わり、「所有関係が社会主義となって、階級関係が変わったから」であった。プロレタリア独裁の課題が終わり、ソビエトの民主化が課題である。もはやソ連には抑圧階級や資本主義階級は一掃されて存在していない。したがって公開選挙でなく秘密投票を導入し、階級原理は廃止する、というものである。

モロトフはフランスの新聞「レ・タン紙」に、自由・平等な普通選挙制は他のどこにもない制度であることを強調した。もっとも「社会民主労働党のボリシェビキとメンシェビキのような複数政党制の導入」についてはきっぱりと否定し、共産党は一体であって、分派が多党制を生む傾向はないと答えた（1:235）。

原理主義的党員たちの反応

これらの新路線は階級独裁論への裏切りではないのか、と古参ボリシェビキが考えたとしても不思議ではない。事実、この憲法改正などの路線にもっとも批判的論考を掲げたのは海外にあったトロツキーとその支持者たちであった。憲法改正はプロレタリアート独裁を解消して、ブルジョワ民主主義に戻るものだと、一九三六年憲法をはげしく批判したトロツキーの『裏切られた革命』は、その意味では原理主義からの批判であった。ソビエトを議会主義にかえる憲法改正は後退だ、社会主義的諸原理からブルジョワ的原理への後退であるとして、トロツキーはかわりに、スターリン官僚制を除去する政治革命を主張していた。

実は、このような批判に呼応する原理主義的党員が存在しており、党内で「レーニンの遺言」を実施するのではないか、つまりスターリンを指導者から排除する陰謀がエヌキッゼ事件の背景ではないか、というのがジューコフの主張である。つまりキーロフ暗殺事件は確かに個人的事件にすぎないとしても、本当にスターリンを追放するべきだという宮廷革命案は実在した、というのがジューコフの見解なのである。エヌキッゼはこうして排除された。ただし、スターリンと対外的に柔軟なリトビノフら指導部は、この事件の実在をキーロフ事件以上に宣伝することを望まなかったがゆえに問題化しなかった。

実際、一九三四年からのスターリンの政策転換には目を見張るものがあった。東方ロカルノ条約でフランスやチェコと和解し、一九三六年憲法改正で普通選挙法に戻り、そしてコミンテルンでは反ファシズムを標榜《ひょうぼう》する統一戦線の主張を支持する。コミンテルン活動家で、ドイツ国会放火事件を否認して英雄としてモスクワに戻ったディミトロフの日記では、一九三四年四月スターリンが、コミンテルンの党員はロシアに議会がほとんど存在しなかったために議会主義を理解していないのだ、と語った。世界革命とソビエト権力論を修正し、改革を志向するはしりであった。

だがそのためには、これまでの世界革命論を修正する必要があるし、これに固執《こしゅう》する原理派党員とは対立することになる。実際この転換は世界革命を放棄して現状維持へ、国際連盟へ接近するもので、階級路線からの後退だとトロツキーらは批判した。

けれどもこの転換はスターリンの政策と体制が自由化を目指したものではまったくなかった。モロトフが一九三五年一月末からの第七回ソビエト大会で、平和的な会話が過去になっていくと指摘したように、高まる国内外での危機意識と、戦争の回避が重要であった。その点ではトロツキーが、スターリンの政策転換を貫くのは原理の転換ではなく、完全なシニシズムだと言ったのは正当である。

一九三〇年代半ばからの粛清劇とは、この国際路線の転換を正当化し、いわば「ソ連が普通の国」であることを証明せんとするスターリンのキャンペーンであった。この新路線についていけない古参ボリシェビキと左右の（旧）反対派との失われた環《ミッシング・リンク》がこうして浮かび上がる、とジューコフは説明する。

こうした意図で行われる粛清を「分派から公然たる反革命へ」と、この政治劇を演出したエジョフ書記は定式化した。実際、一九三五年六月党中央委員会はエヌキッゼを告発した。一九三六〜三八年の各種の政治見せ物裁判でブハーリンらは、「ドイツ・日本のスパイ」を証言したし、逆にデイビス米国大使らはこの裁判をでっち上げとは思わなかった。

粛清に辣腕をふるったエジョフ

最初の事件が、一九三五年からのジノビエフ裁判である。しかしまだ絵は描かれていなかった。事件が存在したのかもわからなかった。しかし翌一九三六年七月、党中央委員会はトロツキー－ジノビエフの合同反革命ブロックのテロを非難する非公開書簡を出した。八月にはジノビエフ、カーメネフら旧左派の一三名がスターリン暗殺を企てた反革命分子であるとして裁判にかけられ、年内に銃殺された。

この点を直接解明する史料は、『スターリンとカガノビッチ往復書簡』である（80）。一九三六年八月に休暇に入ったスターリンだが、トロツキー派の支持者やジノビエフの秘書の尋問をいかに誘導し、「事件」をでっち上げ、たとえばカーメネフの妻にはどのような刑罰を科すべきかまで、直接指示した（79:620）。首謀者はもちろんスターリンであったが、カガノビッチも積極的だった。旧左派だけでなく、事件にはブハーリン、ルイコフら旧右派系の関与もあると、旧左派との相互関係についても書き送った。この間、重工業人民委員のオルジョニキッゼは旧友スターリンに手紙を書き、抑圧緩和を求めピャタコフら元反対派の経済閣僚をかばおうとした。しかし無駄とわかると一九三七年二月の自殺に至った。

粛清への関与を四〇年後に問われたモロトフは、「それは不可避だった。もしトハチェフスキーやヤキールらの輩《やから》が、ルイコフやジノビエフの輩と戦争中に反対派を作り、先鋭な闘争が起きたとしたら、その被害は巨大なものであったろう」と合理化した（4:413）。もっともモロトフも、彼らへの死刑判決に当初は消極的であった。このころモロトフとスターリンとの間には不和が生じていた。モロトフ個人は対外問題にはあまり関与してこなかったが、一九三六年三月モロトフは、国際連盟が否定したラインラント進駐というドイツの行動を支持して明らかにスターリンの路線を超えたため、スターリンとの不和さえ取りざたされた（1:160）。この時フランスの「レ・タン紙」編集長との対談で、モロトフは、対仏支援にソ連は条約上の義務として参加するが、しかしソ連とドイツとの接近には、「たとえヒトラーのドイツであろうとも」と、好意的に答えたからである。

粛清の中心となったのは、政治警察である内務人民委員部（一九三四年改称）であった。ゲンリフ・ヤゴダは、ニジニ・ノブゴロド出身、アナキストからボリシェビキとなった人物で、ボリシェビキ蜂起に関与、一九一八年に非常委員会管理部という公安官僚になるが、――この部局、統合国家保安部の改組にともない――三四年に内務人民委員となる。この間、各種の政治裁判所、収容所、白海・バルト運河など囚人を使った建設計画に関係した。もっとも一九三二年の党内危機でヤゴダはスターリンには忠実でなかった。このためスターリンは書簡で「ヤゴダはトロツキスト・ジノビエフ派の摘発で十分でない。内務人民委員部は四年遅れている」と解任を指示、一九三六年九月に失脚した。一九三七年には逮捕され、三八年三月ブハーリンらとともに処刑された(22)。

後任のエジョフが内務人民委員へと就任する一九三六年秋こそスターリン式カードル（幹部）革命の頂点であって、エジョフシチナという抑圧の代名詞ともなった。エジョフは典型的なペトログラードの労働者党員で、一九三〇年代スターリンの人事政策、ノメンクラトゥーラ管理の補佐役から三五年には治安担当の党書記となっていた。彼は中央地方を問わず粛清に辣腕《らつわん》をふるう。課題は超過達成された。チェリャビンスク州では四〇〇〇名の粛清指示に対し、一万二〇〇〇名が犠牲となった。

エジョフの論理は単純であり、党内では誰であろうとスターリンに忠実でなかった者は今や反革命と呼ばれるようになった。こうして一九三七年のピャタコフ、ラデックら旧トロツキー系への合同本部事件、さらには、同年六月に報じられた、ドイツのスパイとされたソ連の将軍たち、トハチェフスキー、ヤキールなど、自殺したガマルニク将軍をふくめた赤軍幹部への裁判などが生じた。

見せ物裁判で死刑にされたブハーリン

しかし処刑を命じたのは、スターリン、モロトフ、カガノビッチらであった。モロトフは、スターリンがエジョフをスケープゴートにして彼にすべての責任をおしつけたのではないか、という問いに対して、このように答え、正当化している。

単純だ、このような観点は我が国の実情を誤解した人間によって作られた。もちろんこれはスターリンから発した。そして行き過ぎもあった。しかしそれは、主目的である、我が国の国家権力維持のためには許される。〔……〕

一九三七年が正しかったのは、戦争時に「第五列」がいないようにするためだった。

モロトフによれば、党員にはいい人、献身的な人であろうと、何かが生じた時、豹変し態度を変える者がいる。この意味では大粛清は一種の予防拘禁の極限形態であった。このようなことが粛清劇の背景であった。

ちなみにジューコフ将軍は一九五七年の党中央委員会総会で、こう指摘した。

一九三七年二月二七日から三八年一一月一二日にかけて、内務人民委員部はスターリン、モロトフ、カガノビッチから軍事参与会、最高裁に、三万八六七九名に最高刑を加えるようにと指示が与えられた(48)。

一九三八年一一月一二日だけで、スターリンとモロトフのたった二人で三一六七名への銃殺指示を出した。

これらの頂点が一九三八年のブハーリンら「右派・トロツキスト合同本部事件」であった。一九三七年二～三月の党中央委員会総会ではモロトフらの主張により党はブハーリンらを除名した。エジョフはスターリンの指示のもと、彼らを裁判にかけ、銃殺にせよと公言した。これは認可された殺人だった。

一九三八年三月、その見せ物裁判が行われた。もとメンシェビキで今はスターリンの検事となったビシンスキーに対して、ブハーリンは中世の魔女狩りだと反撃したが無意味だった。判決は死刑だった。ブハーリンは、ナイーブなまでにスターリンを信じた。ロシア連邦法相コバリョフによると、ブハーリンは最後の望みを大赦《たいしゃ》にかけ、最高会議幹部会宛に裁判の正当性を主張した上で、助命、およびペトロフという別名での活動を願い出た(23:265)。別名で生きることを取引に、見せ物裁判を認める戦術だった。しかしながら、当然ブハーリンの政治的・物理的敗北となり、死刑となった。なお逮捕直前にブハーリンは、妻ラーリナに遺言を託したが、彼女はこれを暗記していた。この遺言は一九六〇年代地下出版で公表された。

急膨張する収容所

自己の力を過信したエジョフは、カガノビッチの更迭まで考えた。だがスターリンは内務人民委員部の抑圧と地方党組織の行き過ぎを批判した。なかでもエジョフが粛清のリストにあげたグルジア共産党のベリヤを一九三八年八月に次官に任命したことが、エジョフの獄吏《ごくり》としての最後だった。結局、一九四〇年にエジョフは銃殺された。代わったベリヤはグルジア党の幹部であったが、内務人民委員部に関与、一九三八年末から内務人民委員となる。このもとで突然「社会主義的合法性」を主張して、「三人委員会」オソ（特別会議）のような裁判抜きの制度は、一九三八年末には解体された。翌一九三九年の第一八回党大会では、粛清の行き過ぎを批判した。粛清裁判で活躍したビシンスキー検事は、今度は「法戦線」での新しい理論を提供した。

こうした政策の結果、スターリンのもとで収容所が急膨張した。一九二八年からの囚人の急増に伴《ともな》って、ヤンソン司法人民委員は囚人を森林労働に利用する建議を行った。一九二九年春には政治局はこれを支持し、収容所は逮捕者を利用しはじめた。これを受けて一九三〇年一〇月には、階級敵といわれた農民を収容するための収容所総管理局ができ、これがグラーグと呼ばれるようになった。一九三三年にはその収容人口は、強制（矯正）労働収容所の倍となった。彼らは、運河・道路・工場の建設からはじまって、あらゆる労働に従事させられた。

モロトフらは抑圧機関を作り、また膨大な収容所を作りあげた。直接指示によって一九三五年から収容所が作られ、三八年からの開業を目指したノリリスク・ニッケルをはじめ、収容所ではロケットといった軍事生産から金採掘に至る巨大産業が運営された。またモスクワ・ボルガ運河をはじめとした運河建設にも強制労働は利用された。なかでも白海・バルト運河はスターリンの命令で政治警察（ＯＧＰＵ）が建設した。

一九三七〜三八年の粛清は、主として党幹部、経済、軍幹部といったものを対象としたが、けっして農村も無縁ではなかった。一九三七年七月、政治局は、三〇年代前半にクラーク追放として遠方に送られ、期限をすぎて復帰した者や「犯罪者」から、もっとも反革命的な分子を逮捕、射殺、そうでない者を再追放する決定を行った。内務人民委員部指令で七万二五九〇名が銃殺の対象となったが、これは地方では五倍も超過遂行された（68:21）。

当時スターリンのもとには、軍事参与会で判決の出た個人のリストだけでなく、元軍人、元内務人民委員部職員、さらに「人民の敵の妻」までもが挙がってきて銃殺許可をまった。党、内務人民委員部、検察局からなる「三者」会議が、裁判抜きに刑を言い渡した。さらには、これから党関係者を抜いた「二者」も容認された。

一九三五年、政治局は、それまでの一八歳でなく一二歳以上の子供への銃殺をも承認した。「人民の敵」を親に持つ子供たちも犠牲となった。これを糾《ただ》した小説家ロマン・ロランに、スターリンはそれでもこれが教育的措置と強弁した（96:43）。実際、右派の政治局員トムスキーの息子は、自殺した親の責任をとって一六歳で逮捕され、二〇年間を政治犯収容施設ですごすことになった。

抵抗がやんだわけではない。一九三八年四月、モスクワでランダウという若い物理学者らが反ファシスト労働者党を作り、スターリンとヒトラーのファシズムと戦うことを呼びかけた。

恐怖政治のバランス・シート

ポグロム（大量虐殺）を制度化したこの恐怖統治には、しかし受益者もいた。指導層の空白は、一九三〇年代の速成技術教育をうけた「被登用者（ビドゥビジェンツィ）」が埋めた。たとえば一九〇六年生まれのレオニード・ブレジネフ青年は、二〇年代末農村の土地企画の仕事から故郷のウクライナ、ドニェプロ・ジェルジンスク市の冶金《やきん》専門大学に入ったが、その後ソビエト副議長になる。このようなキャリア・パスは彼の世代の多くが共有する。そのような新しいカードルは、一九三四年にレニングラード軍事機械大学を出たドミトリー・ウスチノフ（のち国防相）のようにますます軍産部門に傾斜していった。

もっともこのような層も安定した存在ではなかった。上と下とから不信の目で見られた。「上司」へ反感を持つ「部下」のなかには上司への粛清を支持したものもあった。政治学者ミグラニャンは、スターリン体制の強みは、官僚や「上司」に対するいっそう峻厳《しゅんげん》な措置を実施して、大衆の支持を得ていた点にあると指摘する。「良き、だが無知なツァーリ」たるスターリンは、エジョフやベリヤの専横との対比で、無垢《むく》であるという信念が生じた。テロルは大衆の暗黙の支持、否、地震などと同様の自然現象であったと理解された。

一九三七〜三八年の粛清は「大粛清」とか「大テロル」と言われたが、その規模についてはいろいろな議論がある。一九六〇年代フルシチョフ期には密かに、一三七万二三九三名が逮捕、このうち六八万一六九二名が銃殺との報告がフルシチョフになされたが、もっともこれは司法手続きを経たものだけである。それはゴルバチョフ期になって初めて公表された（『史料』一九九五年一号）。ミコヤンは回想のなかで、シャツノフスカヤのKGB資料をもとに、一九三四〜四〇年の銃殺を一〇〇万人、抑圧者は一八五〇万人と見た（46:592）。他方、一九三八年一〇月の内務人民委員部の収容所だけの人数は、一二五万五四三四人であった。一九三八年二月のエジョフ内務人民委員宛の資料では、収容所人数は一一五万七四〇〇人であったが、その他のカテゴリーをふくめて二二五万九〇〇〇人が収容されていた（25:708）。

実際には、一九三四年一一月、内務人民委員部内に正規の司法手続きを経ない形で作られた特別会議、別名オソをはじめ、「二人組」「三人組」によって死刑となったものがあるので、実態はなお不明である。ちなみに開戦時一九四一年七月には二三〇万人とベリヤ内相宛に担当者の報告は伝えた。囚人たちは戦争で軍隊に参加し、あるいは経済官庁に渡された。

一九三八年、労働国防会議が解体され、人民委員会議に付属する経済会議が作られた。モロトフが議長兼務だったが、この成員だったミコヤンによれば、モロトフは長ったらしい会議で自らしゃべるよりしゃべらせた、という。戦時体制発足とともにミコヤンに代わった。

一九三九年九月に第二次大戦が始まると、戦時体制が強化された。動員体制が強まり、スターリンが首相を兼ねたのは、一九四一年五月であった。スターリンのソ連とは軍産複合体そのものだった。ただし、それは軍も軍需産業も徹底してスターリン体制に統合、分断された存在であって、それらの個別利益の自由な発現はありえなかったのは当然である。

第五章　世界大戦とナルコミンデル（外務人民委員）

モロトフは、第二次大戦を前に一九三九年五月外務人民委員となったが、ソ連はドイツと八月に不可侵条約を締結、西方に領土を拡大した。これはフィンランドとの戦争などで逆にソ連の立場を弱め、一九四一年六月ドイツはソ連と開戦する。一九四一年一二月の真珠湾攻撃以降、英米ソの同盟関係を維持したのはモロトフ外交であったが、ソ連は大きな犠牲《し》を強いられ、戦後の困難さを予兆させた。

当初は反ファシズム

モロトフが現代史に名を残すのは、なによりもスターリン外交の担《にな》い手としてであろう。彼のキャリアの軌跡はそのままソ連国家の優先順位を意味していたが、外務人民委員、つまり外相兼務となったのは一九三九年五月である。これは当時外交の舵取《かじと》りが、体制にとって死活問題となったことを雄弁に物語っている。第二次大戦は一九三九年九月一日に始まるが、その引き金となったのは同年八月二三日の「独ソ不可侵条約」、通称モロトフ－リッベントロップ協定であることが示している。それから外相を解任される一九五五年七月まで、四九～五三年にスターリンの不興を買った時期をのぞいて、第二次大戦から冷戦という時期にソ連を代表した外交官はモロトフであった。

それまでのソ連は、イデオロギーはともかくとして単なる地域国家にすぎなかった。実際外相の地位も低く、外交人民委員チチェーリンは党中央委員ですらなかった。一九三〇年七月から外相となったリトビノフは英国人を妻に持ち、党中央委員だったが、スターリンの側近ではなかった。しかも党派性が問われる時代、一九二〇年代の外務人民委員部の中核は、チチェーリンこそ貴族の出だが、リトビノフ、マイスキー、ロゾフスキーといった、革命前に国内の運動よりも海外にいたメンシェビキ系でユダヤ人知識人が多かった。このことも当時は地下活動家だったスターリンなどの疑念を買った。

しかし一九三〇年代前半には、国内危機とセットになった対外危機は深刻化し、体制を脅《おびや》かした。とくに日本の満州進出や一九三三年のヒトラーの政権獲得などにより、ソ連指導部は安全保障問題により真剣に関わらざるをえなくなった。潜在的な直近の敵、つまり満州事変以降の日本やヒトラーに対抗するため、スターリンも第一七回党大会で言ったように自己の力を強め、「帝国主義の矛盾を利用する」、つまりは大国間の反目を利用した。

少なくとも当初は反ファシズムということであった。スターリンが一九三三年前後の危機のなかで接近したのは、英米仏などの民主主義国であった。なかでも一九三二年六月、国内では農民抑圧を進めたスターリンだが、満州国に進出する日本を牽制《けんせい》すべく、対米関係を変えた。米国の銀行家ランカスターをつうじて対米国交樹立を指示した。これは一九三三年一一月のルーズベルト民主党政権との国交回復につながった（79:130）。

ヨーロッパ政策では、ベルサイユ体制への態度も変え、一九三四年半ばからフランスなどに接近した。コミンテルンも、それまでの社会民主主義を主敵とみる考えから転換し、労働運動だけでなく保守派を巻き込んだ人民戦線への路線転換を行った。一九三四年からの国際連盟への加盟、東方ロカルノ条約による新しい時代が始まったかに見えた。ソ連の平和攻勢は欧米世論では好意的に見られた。

軍拡とセットの平和攻勢

しかしこのような現状維持的な対外政策もけっして安定した基盤に立つものではなかった。国内では農民との戦争、集団化をめぐる経済荒廃、そして党内粛清の亀裂は深かった。国内危機が国際危機と連動することは避けなければならなかった。スターリンは「帝国主義の包囲」のなかで世界戦争は不可避とみた。一九三〇年代の国際関係は危機を深めた。

こうしたなかスターリンの軍事ドクトリンはより攻勢的なものとなった。つまりスターリンの平和攻勢は、軍備拡張とセットであった。しかも一九三〇年代の「新しいソ連」の演出は、大粛清など国内の抑圧と結びついていた。この結果スペイン内戦（一九三六～三九）へのソ連の関与は、現状維持を目指したスターリン外交の思惑を超え、世界革命と対外膨張に対する欧米の懸念を深めた。一九三八年の英国によるミュンヘン宥和《ゆうわ》までに、このようなソ連に対する懐疑は深まっていた。実際、国内の反対派抑圧など『裏切られた革命』を暴露した亡命者トロツキーは、スターリン外交のこの矛盾を衝《つ》いていた。

そうでなくとも戦争の脅威は間近になった。すでに一九三七年四月、「対外政策問題をふくめとくに緊急を要する場合、政治局内にスターリン、モロトフ、ボロシーロフ、カガノビッチ、エジョフからなる常設委員会を作る」ことを政治局は決定した（63:7）。ちなみに委員会の主要メンバーのモロトフ、ボロシーロフ、エジョフは古儀式派系といわれる（112:318）。

スターリンはこうして政治局抜きに決断ができることになった。外交は中央集権化され、すべてはスターリンの決定なくして動けなかった。モロトフですら自由ではなかった。それでもスターリンはモロトフと一九三九年の一年間だけで、二七四回も会見して意見交換を重ねた。

ヒトラーの機嫌をとるため

こうしたなか、一九三九年半ばスターリンは再転換した。三月の第一八回党大会では、世界戦争の脅威を前に「平和主義と軍縮案は棺《ひつぎ》に納められた」と言いきった。米英仏が宥和策でファシズム国家に寛大であるのは、革命をおそれ、ドイツをソ連にけしかけるものと見た。事実、ヒトラーはチェコスロバキアに介入した。英国がミュンヘンで宥和策に出る一九三八年九月、ソ連はラパロ条約以来の仲間である対独接近に密かに乗り出していた。東中欧をめぐる国際関係はきわめて緊張した。政治局でもリトビノフの親英仏的な路線は、スターリンの意向を受けたモロトフからの批判を浴びた。

こうして一九三九年五月三日、スターリンは、モロトフ首相との対立を理由としてリトビノフ外相を解任した（4:12）。外務人民委員部のビルは内務人民委員部の部隊に包囲され、リトビノフ自身は逮捕された。かわって首相、政治局員のモロトフが外相兼務となった。リトビノフは「スターリンはいまや間抜けなモロトフ、出世主義者のカガノビッチ、ミコヤン、ベリヤ」に支えられていると憤懣《ふんまん》やる方なかった。逮捕の前日、モロトフら党中央委員会のリトビノフへの調査に出席した外交官グニェージンの回想によると、ベリヤ、マレンコフらも同席していた。リトビノフ系人脈は解任、逮捕された。

一九二〇年代初めに労働者反対派の活動家で当時はスウェーデン大使だったコロンタイ女史は、この人事により戦争は不可避になったと二〇〇一年に公開された日記に書いた（33）。当時のことを回想したモロトフも「我々に敵対的で日和見《ひよりみ》的な」リトビノフ外相からの転換を図るものだったと評した。スターリンは「人民委員部からユダヤ人を追い出せ」と、その目的を単純に命じた（4:274）。ヒトラーの機嫌をとる意図だった。もっともこの状況はモロトフ個人にとっては不利益を伴《ともな》った。ユダヤ系の夫人が漁業人民委員を解任された。

モロトフはあくまで政治家として外交を行った。外交官としてのモロトフは愛想のない人物であった。米国大使スミスは、モロトフの性格は魅力のないものだったと書いたが、一貫して攻勢的、頑固で屈しないからだった。彼の補佐官から、父子二代で駐日大使となったトロヤノフスキーもまた、モロトフほどうち解けないタイプはなかったと言う。父子で別荘に招かれ、ワシントン大使の後任にある人物を推した時、モロトフは、反論を許さないトーンで腐敗しているタイプだと決めつけた（90:87）。一九三九年に英国大使となったシードは、外交の機微にまったく無縁なモロトフに不満を表明したが、それはモロトフの政治的有能さと表裏であった（105:15）。

　省内でもモロトフは部下の仕事ぶりに我慢できなかったという。スターリンの活動時間にあわせて、モロトフは真夜中の三～四時、時に朝まで働いた。モロトフを評して、政治では教条主義《ドグマチック》、その他では衒学的《ペダンチック》で、過酷な人だったとトロヤノフスキーは書いた。

　モロトフの下の外交官たちも多くは外交面で素人《しろうと》であった。第一外務次官のポチョムキンこそ職業外交官であったが、ロゾフスキー次官はユダヤ系の元メンシェビキであって、一九二〇年代はプロフィンテルン、つまり赤色労組議長として、右派の労組指導者トムスキーのライバルであった。デカノゾフ次官はベリヤ系の公安官僚からドイツ大使となった。一九四〇年に次官となったビシンスキーもメンシェビキ系だが粛清裁判の検事役で名をあげ、のち人民委員会議でもモロトフの次席となった。コムソモールの宣伝家にすぎなかったグロムイコがやがて米国大使への道を歩むのもこの時の人事だった。これらの人事を、あるアメリカ人評論家は「閉塞《へいそく》装置の役割を果たすものだ」と酷評した。

独ソ不可侵条約の秘密議定書

この時のスターリン哲学を語るのは、一九三九年八月の独ソ不可侵条約締結直前の政治局演説である。そこで彼は、ドイツと結ぶかわりに英仏と条約を結べば戦争は防げるものの、ソ連にとってより危険であり、ドイツと結んでポーランドを分割したほうが有利であると言った（22:21）。モロトフ回想でも、資本主義国家と社会主義国家とが合意するとしたら分割しかない、つまり勢力圏という発想だった。モロトフ外交には、この勢力圏と領土拡大の発想がつきまとった。

シグナルは正確に読まれた。スターリンは英仏と交渉しながらもヒトラーとの気脈を強めだした。一九三九年八月一一日、政治局はドイツとの並行交渉を指示し、モロトフとドイツ大使シューレンベルクの間で交渉は加速された。日ソ間のノモンハン事件は二つの戦線での戦闘をおそれるソ連の対独接近への刺激となった。当時モロトフの補佐官だったコーズィレフによれば、スターリンの決断は、八月一九～二〇日になされた（91:113）。

一九三九年八月二三日、クレムリンで外相モロトフとドイツのリッベントロップとの間に独ソ不可侵条約が締結された。これにはバルト諸国、ベッサラビヤ（現モルドバ）など東欧について独ソの勢力圏に関する八月二三日付の秘密議定書が付随していた。四条からなるこの秘密議定書は、ソ連政府の権限でモロトフが署名した。こうしてバルト諸国の運命が決せられた。モロトフによれば、スターリンはこの日、「反コミンテルンのスターリンのため乾杯しよう」と上機嫌だったという。これこそ外交とモロトフも回想する（4:19）。もちろんこれは極秘文書であって政治局も政府もこの協定について審議することはなかった。

独ソ不可侵条約に秘密協定があったことは当時から外交官の噂としてあった。一九四六年のニュールンベルク裁判や、米国による『独ソ関係』の外交文書の公開（一九四八）でその存在は暴露される。しかしその後もソ連は頑強に否定してきた。年金生活となったモロトフ自身もチューエフの問いに対して否認し続けた。もっとも一九八六年には、「覚えていない」と和らげた答えをした。一九八三年に、歴史家クマネフに対しては「口頭で了解した」と内密に語っていた。ちなみにこの秘密議定書がソ連での資料の存否と公開をめぐる長い闘争の果てにようやく外交文書として公開されたのは一九九二年である。

一九三九年八月三一日の最高会議演説でモロトフは、四ヵ月続いた英仏ソ不可侵条約交渉が頓挫《とんざ》した以上、自己の利益のために他国を戦争に巻き込む挑発に乗るべきではないと政策変更を正当化した。そしてポーランド問題でドイツとの衝突を強《し》いる英国を批判した。また「反ファシズムの単純化された宣伝」にまどわされた「近視眼的人物」をも論難した。これに対し協定は独ソ間の敵対的でない友好関係を作るものだとみた。そしてスターリンの歴史的予見能力を称《たた》えた。リトビノフ解任には落胆したコロンタイ・スウェーデン大使も、これで戦争は先送りされるとモスクワの大胆さを賞賛した。もちろんそれは誤解で、戦争は九月に始まった（33:445）。

一九三九年協定とソ連の西方拡大

第二次大戦が始まった。一九三九年九月ドイツ軍のワルシャワ開城時、モロトフはシューレンベルク大使に祝電を送った。しかしその翌々日モロトフは国内では、隣国の不幸を喜ぶわけにいかないとも書いた。九月一七日、モロトフはラジオでポーランド国家は破綻《はたん》し、存在しなくなったとも語った。ソ連もポーランド分割に関与し、さらにバルト諸国の併合、一一月には西ウクライナ、西白ロシア（現ベラルーシ）併合を行い、さらにフィンランドとの冬戦争を始めた。ソ連の西方拡大が始まったのだ。

こうしたことでソ連の反ファシズムという立場はくずれた。スターリン、モロトフは一九三九年九月初めコミンテルンのディミトロフと接見した。そこでスターリンは、資本主義国の二つの集団間が闘争している以上、ソ連の立場とは、「共に戦って相互を弱めることに異議はない」というものだった（21:151）。左派陣営のなかでも、社民党左派系経済学者ヒルファーディングのように、ソ連もまたドイツのような全体主義だという評価が出た。その後独ソ戦でこの評価は後退したものの、わだかまりは残った。スターリンはヤルタ会談で、これは欧米の責任だと述べた。つまりミュンヘンでの対独宥和がなければ、一九三九年の条約もなかっただろうと述べた。

協定はバルト併合への道を開いた。モロトフは、エストニア代表団に執拗に基地貸与を迫った。彼はバルト諸国との相互利益だとして、エストニア軍よりも多い三万五〇〇〇のソ連軍駐留を要求した。スターリンがそこに入ってきて、「それは友人に酷だ、二万五〇〇〇に限定しよう」と言った。結局、相互援助条約（一九三九年九月二八日）が締結された。極秘の補足条項では、戦争期間中の飛行場や基地の貸与が約束された。さらには基地貸与条約も結ばれた。そこから一九四〇年のバルト併合までは、一瀉千里《いっしゃせんり》であった。

この過程で生じたのがポーランド軍将校を虐殺したカチンの森事件である。一九三九年九月のポーランド分割でソ連に抑留された約二万二〇〇〇人のポーランド軍人が、翌四〇年三月にスターリン、モロトフらの指示により銃殺された。人民委員会議は、スターリンも参加して、西ウクライナ、西白ロシアに駐在する獄中の将校や家族の「移送」を認めた。一九四〇年三月五日、内務人民委員ベリヤは、スターリンに、西ウクライナなどの三収容所に収容されたポーランド将校、官僚、憲兵などの捕虜一万四七〇〇名、その他反革命で逮捕された一万一〇〇〇名に銃殺を認めることを求める書類を出した。スターリンが承認して、モロトフ、ミコヤン、ボロシーロフも賛成し、政治局決定となった（30:390）。もっとも回想ではモロトフは他人事のようにふれているだけである。

フィンランドとの冬戦争

スターリンとモロトフの次の標的はフィンランドであった。人口四〇〇万の小国によるソ連侵略を防ぐという名目で、一九三九年一一月から戦争が開始された。それに先立つ交渉はスターリン自ら行ったものの、フィンランド側は拒否した。戦略上の要衝《ようしょう》ハンコ半島の租《そ》借《しゃく》、国境線再画定を求めて冬戦争が始まった。この一〇四日間のドラマについては冷戦期にも、歴史家ホドルコフスキーのように、戦争責任はスターリンとモロトフにあると断じた学者がいた。サンクト・ペテルブルク大学のバリシニコフもまた『冷たい平和から冬戦争へ』（一九九七）のなかで同様に指摘する。またこの問題の党会議の速記録『一九三九〜四〇年の冬戦争』も一九九八年に出版されている。

一九三九年の独ソ関係からして、フィンランドがソ連の影響圏に入るのは不可避と見られた。しかしながらバルト諸国とは違ってフィンランドは強硬で、その理由は英国などが支援しているからだとモロトフは見た。一九三九年一〇月ベリヤもアメリカが、ソ・フィン条約の妨害に出ていると報告した。だがスウェーデン駐在のコロンタイ・ソ連大使らはモロトフに自制を求めた。現在公開されているロシア史料にもソ連が併合をねらったことを示す新史料はない。だがスターリン、モロトフは積極的だった。フィンランド人の党員クーシネンを首班にヘルシンキに「人民権力」樹立をはかろうとした。

しかし一九三九年一一月末に始まった戦争で、モスクワの描いたシナリオは機能しなかった。ソ連軍は戦闘には勝てなかった。クーシネンの「人民政府」は、レニングラード郊外にあるだけで、ドイツをふくめどこも承認しなかった。スターリンは妥協し、そのかわり国境線をできるだけレニングラードからはなすこととした。モロトフ回想では、「フィンランド戦争ではひどい状況になった」が、それはボロシーロフ国防相の考えが旧式で、武器が古いためでもあった（4:16）。

この間英国などで反ソキャンペーンが高まり、アメリカは禁輸措置で応じた。仲介に立つスウェーデン駐在のコロンタイ大使も、当時の雰囲気を「厳しく暗い一九三九年一二月の冬よ」と日記で慨嘆した（33:472）。一九四〇年二月、モロトフは米大使と会談、フィンランドの独立を侵すものでなかったと釈明した。しかしフィンランド人は信じなかった。

結局一九四〇年三月、スウェーデンの仲介で停戦がなった。ボロシーロフは国防人民委員を解任された。一九四〇年四月半ば、党中央委員会で冬戦争に関する大きな会議が開かれたが、スターリンらは自己の責任にふれることなく、軍の問題を指摘して会議を締めくくった（『一九三九〜四〇年の冬戦争』一九九八）。この戦争によってドイツ指導部がソ連軍の弱さをみたことが、大祖国戦争への引き金となったかについては、否定はしがたい。ソ連軍増強の事実を隠すためにスターリンはわざと旧式な武器を送ったというゲーリングの説は、より信じにくいが。フィンランドは独立が保たれ、ソ連の威信は傷ついた。ソ連は、国際連盟から一九三九年一二月に追放された。

ドイツとの関係

フィンランドとの冬戦争はもう一つの政治的挿話《エピソード》をもたらした。スターリンの政敵、トロツキーの暗殺である。追放されたトロツキーは、一九三〇年代にスターリン体制打倒のためには、ソ連を戦争にまきこみつつ、労働者の政治革命によって打倒するという考えに立脚していた。なかでも世界革命を放棄し、一九三六年憲法でプロレタリア独裁を放棄したという『裏切られた革命』での批判に、党内での原理主義者から密かな共鳴が広がることをスターリンは恐れた。とりわけ独ソ不可侵条約は、スターリンがファシズムと提携して革命を裏切っている、という新たな批判の口実を与えた。独ソ双方の「全体主義化」、粛清の強化はこの新たな証明に見えた。一九三八年彼の支持者は第四インターナショナルを結成した。

スターリンがベリヤなど対外諜報部門に、トロツキーの暗殺を指示したのは戦争以前だった。だが一九三九年一二月、フィンランド国家評議会は、クーシネンの傀儡《かいらい》政権に対抗すべく、ケレンスキーかトロツキーを首班とする代替政府の可能性を審議した(84:87)。モロトフも暗殺へのソ連の関与を回想で認めているが、メキシコに亡命していたトロツキーは一九四〇年八月、モスクワの内務人民委員部から指示されたスペイン系刺客ラモン・メルカデルによって暗殺された。

一九四〇年、モロトフは生誕五〇周年を祝った。ウラルのペルミ市はモロトフ市と改称された。このころが大戦前のモロトフの活動の頂点であった(105:14)。モロトフは当時確固とした立場でスターリンの外交をとりしきったとジューコフ将軍も回想している。なかでもモロトフは、年金生活者となってての未完の著作『新しい課題を前に』で、反対派への抑圧を正当化している。

一九二〇年代から特に三〇年代になって、レーニン主義に敵対的なトロツキズムが、みずから共産主義の闘士といいつつ、テロや国内の妨害行為、ヒトラーとのドイツをふくめブルジョワ国家ときたない政治的取引などあらゆる手段を使って党と戦っている(4:429)。

事実、各国共産党には反ファシズム活動の停止が指示された。一九三九年一二月のスターリン六〇歳の誕生日、「ソ連邦は手狭になった、フィンランド、ベッサラビヤ、そしてチェルノフ（亡命政治家）は邪魔しない」とスターリンが語ったことを、コミンテルン書記長ディミトロフは日記にしたためた（21:187）。

すでにソ連外交の一手段にすぎなかったコミンテルンは、対独開戦前から解散案があった。一九四一年春、日ソ中立条約締結を受けて、スターリンはヒトラーとの協定の強化、そしてコミンテルン活動の停止に意欲を持った。一九四一年四月スターリンはディミトロフ書記長に対し、各国共産党は独自になるべきだと解散を暗示した。ヒトラーとの和解のためコミンテルンの「存続問題が明確に指示された」と彼は日記に書いた（21:184）。

こうまでして獲得した独ソ関係の改善であったが、実態としてはうまくいかなかった。一九四〇年一一月半ば、モロトフはスターリンに見送られドイツを訪問した。英国の敗北を見越し、日本をも交えつつ、ヒトラーのいう欧亜新世界秩序の真意を探るのが目的だった。一九九八年の史料集『一九四一年』には、ベルリン訪問へのスターリンの指示が収録されているが、独ソの勢力圏の画定、とくにフィンランド、トルコ、ルーマニア、イラン、いな、中国での独ソの相互利益を調整する目的だった。

スターリンの電文での指示は、黒海とフィンランドでの利権を確保することもあった。実際モロトフは、ヒトラーに黒海とトルコの将来の問題を提起し、ボスポラス海峡でのソ連軍基地の提供を求めてヒトラー側近を驚かせた。モロトフからスターリン宛の電報でも、ソ連の南方、ペルシア湾の利益確保が成果としてうたわれた。ハンガリーやルーマニアの問題をドイツ外相にも提起したが、外相は英国問題に忙殺されていると逃げた。モロトフはゲッベルスにフィンランドからのドイツ軍撤退を要求し、彼は椅子から落ちんばかりだったと言う。詰めのモロトフとヒトラー会談では、フィンランド情勢、ブコビナ情勢で両者の違いを示した。モロトフは至急電で、ヒトラーとの会談の成果は不十分だったと打電した(87:1:393)。シューレンベルク大使が、世界大戦での独ソ利益の分割を提案する。だがモロトフは冷ややかであった。ヒトラーも対ソ攻撃に傾きだした。双方とも闘争は不可避であり、問題はいつまでに準備できるかだと考えた。

対日関係改善

西の損失は東でカバーする。対日関係改善である。一九四〇年から日ソ不可侵条約をめぐる交渉が再開された(113:260)。歴史家の萩原延寿《はぎはらのぶとし》によれば、モロトフと東郷茂徳《とうごうしげのり》大使とは「ウマが合った」という。モロトフは東郷の帰国に際し、「私とやり合って祖国のために戦った東郷君を大いに尊敬する」と言った。事実、東京裁判でA級戦犯であった彼の救命に動いたのはモロトフだったとロシアのKGB資料に詳しい歴史家キリチェンコは指摘している(88:13)。

ただし、モロトフはあくまでモロトフであった。モロトフは日本の南進を支持したが、その不可侵条約には代償が必要であるという立場だった。一九四〇年八月一四日、モロトフは東郷茂徳に対し、一年前の独ソ不可侵条約が単に条約だけでなく、「西ウクライナ、白ロシア、リトアニア、ラトビア、エストニア、ベッサラビヤと北部ブコビナ、そしてフィンランドの関係」をも変えたと言った。代償は外モンゴルと新疆《しんきょう》ウイグルをソ連の影響下とし、そして「樺太と千島列島」問題を出す可能性すらほのめかした（13:54）。

日本側の史料によれば、一九四〇年一〇月から一一月に行われた日ソ不可侵（不侵略）条約交渉において、独ソ不可侵条約で失地を回復して以来、世論では失地回復を伴《ともな》わない不可侵条約は想像できない、とモロトフは語った。つまり南樺太、千島などは失地であるという認識を示した。もっとも彼は不可侵条約として、少なくともさしあたり「北千島ノ若干ハ必ス問題トセサルヘカラス」といって占守島以南の三、四島を図上で指示した（108:170）。このことはソ連の第二次世界大戦時の「クリル」認識を示していた。このこともあって、不可侵条約は暗礁に乗り上げた。

東郷にかわって対ソ外交の主導権をにぎった松岡洋右《まつおかようすけ》外相はドイツ訪問から戻る一九四一年四月、モスクワに入った。中立条約が締結された。スターリンは松岡に「我々はアジア人だ」と言った。

大祖国戦争の評価

案の定、独ソ関係の蜜月は短命であった。一九四一年六月二二日、ドイツ軍が不可侵条約を破って第二次世界大戦の第二幕、独ソ戦が始まった。ソ連では「大祖国戦争」と呼ばれるようになったが、その評価はまさに政治そのものであった。スターリン、フルシチョフからブレジネフまで、ご都合主義の解釈がまかりとおった。

なかでもスターリンの指導によるのか、それともフルシチョフら批判派の言うように過誤にもかかわらず勝ち得たのか、論議は続いている。

一九四一年の独ソ戦についても、ソ連は一方的に攻撃されたのではなく、ドイツに対する攻勢をかける寸前であったのが逆に攻撃されたという説まで出た。これが裏目に出て、ドイツのバルバロッサ作戦で不意打ちを食らい、緒戦で大敗を喫したという議論である。戦争の呼称も問題であって、民族主義的な大祖国戦争といった表現は改めようといった議論も出ている。ソ連軍と戦ったブラソフ軍の評価もいまや多様である。

その一九四一年六月二二日、一年で最も短い夜はナチスによる攻撃の報とともに明けた。モロトフにインタビューすることができた小説家イワン・スタドニュークの『スターリン主義者の告白』（一九九三）によると、モロトフは真夜中の二～三時、モスクワ郊外の別荘で、ドイツ大使シューレンベルクからの至急の会見要請電話をうけた(79)。ただちにスターリンに報告され、政治局会議が招集される。スターリンは大使に会うのはドイツ軍の侵略が始まってからにしろと指示したという。開戦時スターリンは実際に指揮を執《と》っていたとモロトフは指摘した。独ソ不可侵条約にもかかわらず、ヒトラーの侵攻計画がありうるという情報は、東京のスパイ、ゾルゲ、いな、ドイツ大使シューレンベルクからの警告をふくめ各方面からスターリンのもとに入っていた。だがスターリンは、回避は可能であると想定していたためにヒトラーの攻撃予測を見誤った。対独戦争の準備が一九四三年ごろまでは整っていないこともあった。

スターリンとモロトフの微妙な関係

スターリンは、緒戦の敗北にたじろいだ。

少なくとも一九四一年六月二二日昼の最初の政府声明は、モロトフが行った。演説を自分にまかせたのはスターリンなのだからと、モロトフは原稿にない言葉を入れて放送した。実はこの開戦時、モロトフが最高指導者に擬せられかけた。モロトフ回想では、ベリヤの前で「私は降りる」とスターリンが言ったという風説を否認している。史料集『一九四一年』によると、六月二八日まではスターリンと指導幹部とは連日会っていた（75）。

けれども事態は悪化し指揮を執《と》れなくなった。一九四一年六月二九日、スターリンは政治局員とともに突然軍事人民委員部を訪れたが、ジューコフら軍首脳との間に対立が起こった。軍人たちは、スターリンを部屋から追い出すまでに至ったと、スタドニュークも言う。

ミコヤンの回想によると翌日、政治局員数人がモロトフの事務室に集まって、ベリヤの提案で国家防衛委員会を作ることを決め、議長をスターリンにすべきだと言った時、モロトフは、スターリンは二日ほど脱力状態にあると説明した（47:391）。この時ボズネセンスキーは、「ビャチェスラフ、前進しよう、我々はあなたについていく」と言ったという。実際、モロトフらが別荘にいるスターリンを訪問した時、逮捕されるのではという表情を示したともミコヤンは回想する。

ベリヤも一九五三年に逮捕された後の党中央への書簡のなかで、モロトフがスターリン不在の時に国家防衛委員会を作るべきと提唱したことを想起している。そして、スターリンとモロトフのこの微妙な関係について次のように指摘した。

誰かがモロトフをスターリンと仲違《なかたが》いさせた時、我が国と党にはとてつもない犯罪が生じた、と私は言ってきた(42:76)。

不思議にも、一九四一年六月の敗北直後、ベリヤは密かに内務人民委員部を通じて、ブルガリアを経由した単独講和交渉をはかっていた。もっとも誰がベリヤにこの指示をしたのか、モロトフとスターリンとの関係はまだ不明である。

スターリンは一九四一年七月初めに現役復帰し、ラジオの前に立った。八月には、最高総司令部が作られ、スターリンが直接指揮を執った。国家防衛委員会は政府、最高会議と党中央との権限を兼ねる機関として、スターリンを議長、モロトフを副議長として組織された。他にベリヤ、ボロシーロフ、マレンコフの三名が当初の委員であった。

政治経済面すべての権限が集中され、指令型経済の持てるあらゆる力が動員された。この機関は共産党と国家との形式的区別をも最終的に一掃するものであった。もっとも一九三七年の政治局が改組された常設委員会と比較して、カガノビッチとマレンコフが異なるだけで、中核は同じということもできる。ちなみにカガノビッチはユダヤ系、マレンコフは古儀式派系ロシア人だった。

いずれにせよ開戦前の一九四一年五月スターリンは首相となっており、党の権限は低下した。一九四〇〜五二年まで、党大会は一度も開かれなかったし、党中央委員総会も戦争中わずか一度開催されたにすぎなかった。

戦時下の経済と市民

この間、赤軍は白ロシアやレニングラード、西部戦線で、直後の二週間ほどだけで死者四二万人、捕虜三二万人を出してしまう。ドイツ軍は破竹の勢いで侵入した。三週間でリトアニア、ラトビア、白ロシアが占領され、集団化や飢饉の傷跡の残るウクライナ、南ロシアなどが落ちた。一九四一年だけで、ロシアの学者ソコロフは三八〇万人もの兵士がドイツの捕虜となったと推定する。全戦争期間では、計六二〇万人もが捕虜となっている。「劣等民族」とされた赤軍捕虜兵の多くは食糧も与えられず餓死した。スターリン体制下での軍の粛清、責任回避が緒戦での大敗の原因であった。

銃後でも深刻な動揺が生じた。ソビエト権力が最初に生まれた繊維工業の町イワノボですら一〇月にストライキが起きた。戦争で賃金が半減した。ヒトラーとスターリンとどちらがいいか、といった論争が同地では起きていた。一部では女工が「神を守り給え、共産党員はつるし首だ」と言ったという（『祖国史』二〇〇四年二号四三）。

ナチス・ドイツ軍が市内にも侵入したモスクワも、一九四一年一〇月には陥落寸前であった。こうしたなか政府・党・全大使館など首都機能をクイビシェフ（現サマラ）に移すことも一〇月一五日に決まった。重要な軍需工場も中央アジアやシベリアに移送されることとなったが、ほとんどパニックの様相であった。それでもカガノビッチによれば、一五万両、六〇〇〇の列車を使い、最初の三ヵ月で一三六〇とも、半年で二五三九社ともいわれる大企業が後背地に送られた。一九四一年一一月七日の革命記念日、スターリンはモスクワの地下鉄のなかで演説を行って、レーニンと並んでドンスコイ、スボーロフ、クトゥゾフといった、外国軍と戦ったロシアの軍人を称揚した。社会主義からナショナリズムへとイデオロギーの基調は変わった。もっとも一九三〇年代末からスターリンはロシア愛国主義を鼓吹《こすい》し、「イーゴリ軍記」の専門家で古儀式派系のボリス・ルイバコフらを重用していた（107:138）。

この革命記念日に、ルーズベルト大統領は、レント・リース・アクトでソ連への軍事支持を決めた。ソフホーズ、MTSに政治部が導入された。日本軍の南進情報を得たスターリンは、シベリア軍団をモスクワ攻防戦に総投入、独ソ戦線は膠着《こうちゃく》した。

なかでもドイツの九〇〇日にわたるレニングラード包囲では、革命の都を守るということで、スターリンは降伏を許さなかった。一九四一年八月モロトフは包囲完成の直前にこの意図で派遣されたが、鉄道ではすでに行けなかった。ジダーノフ第一書記は意気消沈していた。入れ替わりにジューコフ将軍が派遣された。多くの餓死者が出た。一九九四年の「イズベスチャ紙」一二月二三日のデータによれば、初年度だけで一〇〇万人以上死亡した。レニングラードの戦前人口は二六四万であったが、一九四三年には六〇万となっていた。攻防九

○○日の封鎖による死者は、避難民と徴兵を差し引いて、一九七〇年代の学者は八〇万〜一〇〇万人と推定していたが、過小評価であった。最低でも死者は二三〇万人と、ある学者は見積もっている（『歴史の諸問題』二〇〇一年一号）。

この間、軍需経済は一九三〇年代から拡大していたが、戦争開始でさらにテンポは速まった。すべての力が軍事に向かった。国家防衛委員会の最初の決定は戦車に関するものであった。モロトフが国防産業の仕事として割り当てられたのは戦車生産の監督であった。ちなみにマレンコフとベリヤは航空機の監督者であった。

航空機、戦車などの生産は、一九四〇年の水準の二倍近くになった。他方、農業は農地の五割近くが占領され、また農民は兵士に徴用され大打撃を受けた。全国で食糧が配給制となった。

こうして一九四二〜四三年に、軍事支出は四〇年の段階の三倍となった。一九四四年で、軍産部門には、五六二の軍関連企業と九八の実験研究所があり、三五〇万人の人間が働いていたが、これはソ連全体の六分の一程度であった。

核開発も行われた。スターリンが濃縮ウランの製造を指示したのは、一九四二年二月であった。モロトフ回想では、クレムリンに若い物理学者クルチャトフを呼んで、諜報活動がもたらした西側の研究に関する資料を読ませた（5:56）。亡命したドイツ人の共産党員フックスなど物理学者が提供した資料である。クルチャトフが「実験室２」と呼ばれた新研究所で開発にあたった。一九四五年のポツダムでトルーマン大統領がスターリンとモロトフに、新型兵器ができたと通告した時、もちろんモロトフらはただちにこれが核兵器を意味することを理解していた。

大連合の外交

この間、日本が一九四一年一二月に対米開戦に踏み切り、英米は対日参戦、他方独伊が同盟国として対米宣戦し、第二次大戦は文字通りの世界戦争となった。これに先立って首都クイビシェフにあったモロトフは、一一月の革命記念日に前外相リトビノフを駐米大使に任命した。リトビノフはロンドン大使であったマイスキーとともに大連合を支えた。彼らは一九四三年に外務人民委員部次官となって本国に戻る。

一九四一年一二月の真珠湾攻撃の直後、英国のイーデン外相がソ連を訪問した。この結果英米ソは共通の敵を前に同盟国になったが、その内実は曖昧であった。モスクワ郊外までドイツ軍の攻撃が至るほどの厳しい状況であった。

イーデン外相はスターリンとモロトフと会見する。スターリンはいきなり牙を見せた。スターリンは、「戦後秩序について、秘密協定を結ぶべきである。ドイツを弱体化し、また一九三九年からソ連が西方拡大した結果の四一年国境を維持すべきである」と英国に迫った。

これはバルトやベッサラビヤは併合された後はソ連領となるという含意であって、英国には呑めない提案であった。戦後秩序形成にあたっては米国の関与を求めることを、スターリンにイーデンは提案した。ちなみに、モロトフはチャーチルの補佐役であるイーデンとは仲良くできたと言っている。

この会議後イーデン外相の訪ソを受けて、政治局は翌一九四二年一月にモロトフを議長とする戦後ヨーロッパの構想研究の委員会を発足させた。しかし戦局の悪化を受け委員会の議論は現実性を失っていた（105:57）。逆にソ連の戦局を心配した米国のルーズベルトは四月にスターリンに手紙を書き、対ソ協力協議のためモロトフの訪米を求めた。

スターリンはただちにモロトフ外相を英米に派遣し、英米に第二戦線を求めるべきこと、すくなくともこれを文書で確認すべきだと考えた。スターリンは一九四一年九月以来、英国に対独の第二戦線を要請していたが、はかばかしくなかった。派遣はまったく極秘裏に進められた。当初はスターリン自身が行く考えもあったが、モロトフの役割となった。モロトフは爆撃機Ｐｅ―８で英国に飛び、チャーチル首相に会ったのは一九四二年五月のことである。ちょうど独ソ戦が膠着したころである。

このモロトフの英米訪問についての完全な記録が一九九七年に出された（91）。これによると慎重なチャーチルは、バルト諸国のソ連国境承認などに批判的であったこともあり、チャーチル‐モロトフ会談はうまくいかなかった。それでもイーデンとモロトフとは、将来の和平構想のための国際連合構想では合意した。

一九四二年五月末、モロトフはその足で、英国からレイキャビク経由で米国に着いた。目的は「第二戦線をヨーロッパに」敷かせることであった。ルーズベルト大統領はドイツとの戦争を終わらせ、その後に日本をも敗北させると、同盟に前向きであった。アイゼンハワーら米軍部も一九四二年初めには英米の対仏上陸作戦を考えていたが、モロトフも四二年内にも第二戦線を開くべきことを求めた。大連合が成立したのだ。回想では、英米の歓迎の度合いについて、米国ではホワイトハウスに宿泊したが、英国と違ってシャワーもあったと書いた。モロトフはルーズベルトとの合意をもって、再度英国のチャーチルと会見、米国との合意を提示し、英ソ同盟条約の合意に達した。それでも年内の第二戦線は、英ソの協定文書には盛り込まれていなかった。

モスクワ到着直前には味方機からの襲撃も受けたが、一九四二年六月モロトフは本国に無事到着した。もっとも、スターリンが欲した対独第二戦線は当初は英米とも消極的であったため、ヨーロッパではソ連国内を中心に孤独な戦いが続けられた。ユーゴのパルチザンというヨーロッパでの唯一の同盟者の活動もまだ本格的でなかった(59)。

戦争終結の国際関係

戦況は、モスクワ攻防戦でソ連が勝利すると、ドイツの後退が見えたかに思われたが、一九四二年夏、再度南部で敗北を喫した。一九四二年一一月、ドイツ占領地域は人口の四割を占めるに至った。もっともこれが頂点であった。

年末のスターリングラード(現ボルゴグラード)で、赤軍がナチスに勝利すると状況は転換した。スターリングラードでの反攻作戦は、コード・ネームで「ウラン」と名付けられた。ヨーロッパの解放への反撃が、同時に冷戦の対立を先取りする象徴的呼称でもあった。

一九四三年二月までにドイツ軍八〇万人が失われた。これが転機となって枢軸国の足並みが乱れはじめ、ルーマニア、ハンガリーなどが講和を探る一方、ドイツの世論や軍のヒトラーに対する態度は変化しはじめた。

ドイツの敗色が濃くなると、終戦後の秩序への模索が動きはじめた。一九四三年秋のモスクワ外相会議は米英ソ三国協調の象徴であり、戦後構想が話し合われた。一九四三年一一月のテヘラン会談では、チャーチルとルーズベルトに並んでスターリンが足を運んだ。スターリンは、両者に要求をし続けた。そして望んだ第二戦線を一九四四年五月にもうけることが決まった。英米ソの三国協調体制が頂点に達していた。

ソ連の内部でも戦後構想が組み立てられた。もっとも注目すべき包括的な戦後構想案は、マイスキー外務次官が指導部にあてた一九四四年一月の案であって、そこでは同盟国英米と協調しつつ、最低三〇年から最高五〇年間は、ソ連の平和と経済安定をめざす枠組みを提案していた。外務人民委員部の秘密プロジェクトの提案であったが、ここでは社会主義という課題はほとんど後景に退いたかのようであった。ドイツを分割すること、フランスの強化をはかることなど、伝統的なパワー・ポリティクスが英米ソ協調の枠内で維持された。なかでもこれから生起するはずの英米相互の対立に備え、英国側と長期的同盟を結ぶことが提言されていた（『史料』一九九五年四号）。

ヨーロッパの安全保障が第一であり、その社会主義化は最低「一九七四〜九四年」まで延期されるべきであった。ちなみにスターリンは一九四四年、フランス共産党M・トレーズとの会談で、社会主義化どころか、人民戦線といった三〇年代の表現すら抑制させることを指示していた。これを象徴するかのように、スターリンはコミンテルンを解散させていた。一九四四年五月までに「彼らは突然共産党の統合センターとしてのコミンテルン解散という結論」(ディミトロフ日記）に達した。同年五月八日モロトフが彼らを呼んで解散を指示したのだ（21:224）。スターリンのもとに執行委員会幹部会の解散決議が出された。かわってこれは六月、共産党国際情報部、後の国際部となった。英米ソの連合国首脳が会見する一九四三年一一月のテヘラン会談への地ならしでもあった。

教会との和解も進められた。セルギー総主教は開戦時、信者に祖国防衛を呼びかけた。一九四三年九月スターリンは総主教と会見した。一〇月、人民委員会議にロシア正教会問題評議会が作られた。宗教弾圧から利用へと政策がかわった。大祖国戦争という表現はまさにナショナリズムとの和解に他ならなかった。八月のクルスク解放作戦のコード・ネームは、ナポレオンとの戦いに勝ったクトゥゾフ将軍の名を冠した。戦勝記念の一九四五年五月二三日、スターリンは「ロシア民族」がソ連邦、ソビエト諸民族の前衛として果たした指導的役割に乾杯した（106:11:2:96）。

ポーランド問題

こうしたなか一九四四年一〇月、チャーチルがモスクワを訪問した。東南ヨーロッパでの米英の権力の分割を彼は提起した。ソ連の対日参戦が議論された。このころスターリンのアメリカ支持は頂点に達しつつあった。革命を抑えても対米、対英協調を確保する、これが戦争末期のソ連指導部の考えであった。

実際、一九四五年二月のヤルタ会談では、ポーランド問題、千島列島などの帰属、極東の政治情勢などで対米関係はもっともよかった。スターリンは、アメリカと一緒にやることが我々の利益だ、問題は力の相関だとモロトフに語った。事実スターリンはアメリカが国連を支持するよう本部をニューヨークにおくことに賛成していた。

ルーズベルトが死んだ一九四五年四月、モロトフは国際連合の創設会議のために滞米中であった。サンフランシスコ行きの食堂車でアメリカ人が大統領の死を伝えた時、誰も注意を払わなかったことに逆に驚いたという。

ヤルタ会談、そして一九四五年七月のポツダム会談でも最大の問題となったのは、ポーランド問題であった。すでに一九四四年四月にモロトフは、シカゴ大学教授で社会主義者のランゲ教授との会談でポーランドは対ソ協調が重要だと指摘していた（75:21）。

ヤルタ会談にはスターリンが出席、モロトフも参加した。ソ連と英国のチャーチルとの対立は、アメリカが調停した。対立点はドイツ賠償問題、ポーランドとの国境問題である。スターリンは、ポーランド西部国境をオーデル・ナイセ線にすることを強硬に主張した。この時の合意の内実は、ポーランドは独立するがソ連には敵対しないという約束だとモロトフは理解した。

同時に、南スラブやバルカンでは、英国とソ連、そして現地共産主義者の関係は悪化した。一九四五年四月、ユーゴはソ連と相互援助条約を結んだ。この時、ソ連指導部と交渉したミロバン・ジラスは、スターリンの別荘にも招かれる関係であったが、スターリンとモロトフとがそれぞれの役割を演じているのを観察していた。スターリンはこの文学者出身の指導者に、マルクス主義などを語ることもなく、ユーゴ側は恩知らずだと悲嘆にくれ、モロトフは、冷静に、しかし悪化した感情をかき立てる役回りを演じていた。

ジラスのモロトフに対する態度は、その後一九四七年暮れのアルバニアとユーゴ関係をめぐる対立の処理に現れる。当時、ユーゴ共産党はアルバニア統合に積極的であったが、アルバニア国内で強い反対があった。翌一九四八年初めモスクワに向かったジラスは、スターリン指導部に統合計画をうち明けたところ、モロトフ、とくにスターリンはアルバニアを併合せよと語った。モロトフは、併合は併呑《へいどん》だと語って、ジラスにバルト三国併合のことを想起させた。

米ソのすきま風

ドイツとの戦争にもかかわらず、その同盟国である日本とソ連の間には中立条約が一九四一年に結ばれていた。一九三九年にノモンハンで戦ったジューコフ将軍は、日本軍の強さも知っていた。独ソ戦でのソ連軍の敗北にもかかわらず、関東軍特別演習は行ったものの、日本は北進論をとらず、南進した。ゾルゲ情報では、日本の真珠湾攻撃までスターリンに知らせていたと、通訳ベレシコフは証言する（16:278）。彼はモロトフ宛の翻訳を準備した。だがスターリンは、あえてルーズベルトにこれを伝えることはなかった。米ソが同盟国となったのは、一九四一年一二月七日（現地時間）の真珠湾攻撃の結果である。その後も日ソはおおむね中立を守った。

だが真珠湾の攻撃とともに、ソ連指導部、とくに外務人民委員部は戦後秩序を構想しはじめた。ロゾフスキー次官は一九四一年一二月末、日ソ戦争のあるなしにかかわらず日本の敗北に際して、航行の自由往来などをはかるべく、千島、樺太をソ連領とする構想を首脳部に提出していた。

この案をふまえた一九四四年の先述の戦後構想、マイスキー案でも、日本とは戦争をしないものの、英米と交渉して千島列島を確保するという考えが内部で芽生えた。日本と直接対決を避けるのは、第二戦線の遅延に対する英米への一種の意趣返しでもあった。一九四五年二月のヤルタ協定で、ルーズベルトは、ソ連が対日参戦する見返りとして千島列島の引き渡しを密かに示した。しかしポツダム会談までにルーズベルトは亡くなり、米ソ間にすきま風が吹くようになる。なによりアメリカは原爆を所有していた。

この間アメリカから帰ったモロトフは、一九四五年五月末、日本大使佐《さ》藤尚武《とうなおたけ》に中立条約を延長しない理由として、状況が変わったことを挙げた。一九四五年八月八日、ソ連は対日参戦し、ポツダム宣言受諾後、千島占領を始めた。同年八月一〇日、日本の無条件降伏の報を得たモロトフは、在モスクワの英米両国大使に、我々は日本への攻勢を継続すると答えた。ソ連が戦時の決定機関、国家防衛委員会を解散させたのは日本が敗北した後の九月四日であった。

もっとも戦争終結は平和と解放を意味しはしなかった。一九四一年八月にはボルガ沿岸に住み着いていたドイツ人が中央アジアに追放されていたが、四三年末からカラチャイ人、カルムイク人、四四年にはチェチェン人、イングーシ人、クリミア・タタール人などドイツ占領地の少数民族は、対独協力のかどで中央アジアなどに追放された。一九四八年に中央アジア、シベリアなどに追放された諸民族の総人数は約二〇〇万人と報告されている（N・ブガイ、A・ゴノフ『カフカース・軍用列車のなかの諸民族（一九二〇〜六〇年代）』一九九八）。

結局この戦争では、一九八八年の統計によると、八六六万八四〇〇人が軍人として亡くなった（未帰還者もふくめ）と、国防省は党政治局に報告した。しかも党員だけでも七二九万五二四八名が犠牲となった。ペレストロイカ（改革）時、ヤコブレフ、シェワルナッゼなどの政治局員は、民間人非戦闘員をふくめた犠牲者数を公表することを要求した。フルシチョフ期に二〇〇〇万といわれたが、一九九一年には、戦争の犠牲者は二七六〇万人へと修正された（『史料』一九九四年五号）。

第六章　冷戦とデルジャブニク（大国主義者）

超大国となったソ連は、戦後しばらくは悲惨な戦争の記憶が残り、改革の気運も必要も感じられた。だが一九四五年秋、対英米交渉にあたるモロトフ外相はスターリンに疎《うと》んじられた。一九四七年半ばまでに対米強硬論が台頭し、冷戦への舵取《かじと》りがはかられたが、その背景にはジダーノフのような若手の台頭がある。戦後の農業などの荒廃にもかかわらず、核開発などのいびつな戦争準備がはかられた。収容所内ではベリヤ内相が核開発を進めた。最晩年のスターリンはモロトフらの粛清を準備していた。

超大国となる

一九四五年五月、ソ連はドイツ・ファシズムとの戦争に勝利した。長く苦しい戦争から解放されたという気分が国を覆った。外部世界を経験した兵士たちなどの帰国により、解放感や戦場での「同志的な民主主義」の雰囲気が国内に環流しはじめた。

同時にソ連は対外的には、孤立した一国社会主義に代わって、いまや世界に巨大な影響力を持つ超大国となった。このことはスターリン指導部の世界認識をさらに旋回させた。

スターリンは、新しいソ連邦の地図が届けられた時、こう語った。

我々が何を得たかみてみよう。北方ではすべては正常で問題ない。フィンランドは我々にたいし間違いを犯し、我々は国境線をレニングラードから離した。バルトはロシア固有の領土であるが、今や我々のものである。白ロシアとは今一緒に暮らしている、ウクライナとも一緒、モルダビアとも同様であり、西側は問題ない、と言ってすぐに東側国境に転じた。ここにいま何があるか。クリル諸島は今や我々のもの、サハリンも完全にわがもの、なんといいことか。旅順港は我々のもの、大連も我々のものである、東支鉄道も我々、中国、モンゴルとは異常ない。しかしこの国境は気にくわないとカフカースの南を指した (4:14)。

モロトフはこの時を回想して、外相の役割とは、可能な限り祖国の国境線を外に拡大することであると考えた。帝国の拡大と社会主義の最終的勝利とは矛盾するものではなかった。同時にこのような巨大な帝国の出現は独自の問題を生みだした。一九三九〜四〇年にソ連が併合した西ウクライナ地域などでの抵抗はやまなかった。バルカンでは、ブルガリア、ルーマニア問題をめぐり英国と対立した。バルカンや東欧に赤軍が進攻して親ソ政権が作られたことは、一九四二年に同盟条約を結んだ英国との関係を悪化させた。とくにイランに一九四六年五月までソ連軍が進駐したことはチャーチルらの不信を生んだ。共産党の勢いが強まり内戦に発展したギリシャもソ連の影響を受けた。なかでもチトーの率いるユーゴのパルチザンは赤軍の直接の影響なしに権力を握ったが、ギリシャ共産党はユーゴ国内に基盤をおいていた。

ミスター・ニエット外交

こうしたなか国際連合は一九四三年一〇月、三大国に中国を加えたモスクワ共同宣言が「平和維持機構を設立」すべきと訴えた結果、創設が決まった。翌一九四四年、米国ワシントンのダンバートン・オークスにおいて国際連合の基礎を形成する作業が英米ソの間で続けられた。一九三〇年代末に人民委員を解任されたものの独ソ戦争で米国大使に返り咲いていたリトビノフは、米ソ協調のやや野心的な構想を抱いていた。しかしモロトフ自身は、日本大使のマリクの保守的で、漸進的な構想に賛成していた。マリクは極東など地域レベルでのソ連の利益に固執《こしゅう》し、これは一九四六年の極東委員会などに体現された（105:72:3）。

こうして一九四五年二月のヤルタ会談、そして四月末のサンフランシスコ会議で戦後秩序が具体化された。このためモロトフは訪米した。サンフランシスコのオペラ・ハウスにおける演説では、困難な戦争をふまえて、強力な国際機構、平和維持機構創立の必要を訴えた。国連では、大国ソ連の利害が無視されてはならず、このためソ連は拒否権を持たねばならないとモロトフは強調した。ミスター・ニエット（否）外交とは戦後ソ連外交の謂《いい》ともなった。

一九四五年五月九日、米国でドイツ敗戦の報に接してモロトフはラジオ放送した。そのなかで国連の敵であるナチス・ドイツについて、開戦の日、ドイツは敗れるだろうとラジオで演説したが、その通りになったではないかと話した。

けれども共通の敵がなくなった大連合は基盤が崩れだした。ルーズベルト亡き米国では後継者トルーマンは「公然たる敵対的態度を取」り、一九四五年四月の議会演説ではあきらかに、対ソ警戒感が表面化した。五月のトルーマンとモロトフとの会見は、ポーランド問題をめぐりすでに冷たいものであった。敗北したドイツ軍が武装解除されておらず、反ソ戦争に利用されるのではないかという危惧をモロトフは持った。一九四五年六月末に国際連合憲章は署名されたが、連合国の結束は弱まり、相互の疑心が深まった。

スターリン倒れる

戦後のソ連指導者の内部では、あまり知られなかった大問題が生じた。スターリンの健康悪化である。一九四五年アイゼンハワー元帥がモスクワを訪問した見返りとして、ジューコフ将軍の答礼をすべきかどうかの問題で、九月スターリンは積極論のモロトフ外相と意見が違った。当時のスターリンとモロトフの関係を調べたV・ペチャトノフ論文によれば、九月のロンドン外相会談を背後から指示したスターリンは、ドイツ非軍事化問題で対米協力に傾くモロトフに、ソ連を日本問題から排除するのが真意だと、対米強硬策を命じた(103)。

モロトフ回想は、戦後スターリンは休暇を取らなかったと指摘するが、実は一九四五年一〇月初めスターリンは最初の発作に見舞われ、休養を余儀なくされた。政権はモロトフが預かった。ここで後継問題をめぐる憶測が外国メディアに取り上げられた。発作自体はたいしたことはなかったが、これをめぐりスターリンとモロトフとの関係は相当悪化した(66:195)。一一月の革命記念日、モロトフは外務省の検閲緩和を発表した。一二月の「ニューヨーク・タイムズ」などは後継者問題に論及し、スターリンが休暇でも政治問題を処理できる人々がいるという「ロシア人」の談話を掲げた。モロトフ外相やジューコフを賞賛する記事も流された。スターリンは一二月初旬、モロトフ批判を政治局で行った。

この件でモロトフは許されたが、彼の権限は縮小した。一九四五年末、政治局は対外委員会をもうけ、スターリン、モロトフの他、戦時に台頭したベリヤ、ミコヤン、マレンコフ、ジダーノフからなる六人委員会が対外活動を取り仕切ることになった。モロトフの独自性は減少した。一九四六年三月には外務省での権限も縮小され、ビシンスキー外務次官が総括担当に昇格した。当時ニューヨークの国連本部でモロトフ外相とビシンスキー次官との間に小《こ》競《ぜ》り合いが生じた。この検事出身の次官が反論したところ、モロトフは「政治局員に何を言うのか」と怒った。ビシンスキーも「最高会議議員である自分にそう言う権利はない」と言い返した。

初の一九四六年の選挙で、モスクワのモロトフ選挙区から出た彼は、ソ連がヒトラーのドイツや日本を破り、強力な社会主義大国として、国際関係の主要問題はソ連の関与抜きにできなくなったと語った。赤軍創設、工業化、コルホーズにもとづく農業のペレストロイカ（改革）、カードル（幹部）養成、これらはスターリンのおかげであるとも賞賛した。

一九四六年一二月、モロトフは「マルクス－レーニン学」で科学アカデミー名誉会員に推挙された。しかしスターリンとの関係は悪化し、スターリンは「このような二義的な仕事より大きな名誉があるべきだ」と批判したという。モロトフ回想には、スターリンからの電報で「私はアカデミー会員だが、おまえは名誉会員だ、賛成か」とあった。モロトフは結局、推挙を断らざるをえなかった。ちなみに一九四九年のスターリンの誕生日に、科学アカデミーは大部な論文集を献呈した。独裁者は、経済学はもとより文学や言語学に至るまで「指導」したのである。

こうしたなか、権力の中心では一九四六年三月、人民委員会議から呼称がかわった閣僚会議が重視されはじめた。他方政治局は二週に一度となり、次第に軽視された（65:419）。一九五二年にはわずか四回しか開かれなかった。米国大使W・スミスは、スターリンを絶対的独裁者でも、政治局の囚われ人でもなく、「決定権を持つ理事長」にたとえた（72:50）。だが実際は、一九四六年一〇月、先の政治局の六人委員会に内政面での権限も与えられ、国家計画委員会のボズネセンスキーを加えた七人委員会が、スターリン支配のテコとなった（66:38）。

一九四五年に倒れたスターリンは、それ以降毎年、夏から平均五ヵ月も休暇を取った。クレムリンで執務するのは夜中の数時間のみ、訪問者に会うこともまれになり、郊外の別荘で取り巻きに囲まれて暮らした。スターリンに届く膨大な書類について、「全部は読まないが、署名はする」とモロトフに語っている（4:259）。極端な秘密主義がスターリンを取り巻き、最高幹部ですら情報が限られた。他の政治局員にとって、スターリンは家父長そのものだった。

この間外相モロトフは第一副首相を兼ねたが、一九二〇年代からのスターリン派世代に対してマレンコフ、ベリヤ、そしてフルシチョフといった三〇年代からのチームも台頭した。なかでも次第に中心人物になったのは、強制（矯正）収容所と、核開発を任されていたベリヤである。次第に同盟を結んだ経済担当のマレンコフ書記とともに影響力を拡大した。もっとも用心深いスターリンは、レニングラード攻防戦を戦った同じ古儀式派系のロシア人ジダーノフや経済官僚のボズネセンスキーといった若手党幹部をも登用して、前者二者に対抗させた。ジダーノフは解散されたコミンテルンのかわりとして、一九四七年にできたコミンフォルム代表（Communist Information Bureau 共産党・労働者党情報局）として名をはせた。他方、戦争指導者ジューコフ国防次官は一九四六年六月に解任され、翌四七年には中央委員候補も解かれた。また「全ソ連の長老」だったカリーニンが一九四六年三月に亡くなると、やはり古儀式派系ロシア人のシュベルニクが後任となった。

「戦後秩序と冷戦」

モロトフ自身は冷戦という言葉を好まなかったが、ソ連からみて冷戦とは何であり、いつから始まったのか？　冷戦をヨーロッパの地政学的分断と見れば、赤軍がドイツ軍を追撃して東欧・バルカンに入った時期から始まり（一九四一）、一九四六年三月のチャーチルによる「鉄のカーテン」というフルトン演説を経て、マーシャル計画問題での決定的対立に行きつく。

だがグロムイコ外相の回想によれば、冷戦が始まったのは一九四六年のフルトン演説よりもはるかに早く、欧米同盟国、とくに英国がドイツに対する第二戦線の開始を遅らせたことに始まる、という（24:61）。一九四五年五月サンフランシスコでのモロトフとトルーマンとの会見もまた冷戦を方向づけた。モロトフが提案したスペインのフランコ政権制裁や米ソ改善案にトルーマンは答えなかったと、モロトフは部下の外交官グロムイコに語っていた。グロムイコがさらなる関係悪化の要因として考えたのはアメリカの核独占であった。一九四六年七月パリ講和会議が開かれた時、それでもモロトフは世界政治を動かす中心スターのひとりであった。ドイツと同盟したイタリア、ハンガリー、ルーマニア、フィンランドなど、旧枢軸国との講和問題がヨーロッパの二一ヵ国間で処理されることとなった。各国はその指導層の犯罪の責任をとらなければならないと、モロトフは言った。

しかし米ソ関係の悪化はさらに早かった。パリ講和会議に出たモロトフは対米強硬論に傾いた。アメリカ大使館の参事官からグロムイコの後任の大使となったニコライ・ノビコフは長文のアメリカ外交分析をモロトフの要請で執筆した（103）。ノビコフはモロトフ自身が対米外交を再検討しているあらわれとみた。一九四六年九月モスクワに送られた書簡には、アメリカが世界の支配をめざしていると書かれていた。この書簡は、ちょうどケナンの長文電報が冷戦に果たした役割をモスクワで果たした。一九四六年にはアメリカからの核攻撃にさいして、チュコトカからアラスカを占領することも計画された。

もっとも、スターリンが一九四五年トルコのボスポラスへの共同管理を示した時、さすがのモロトフも「これは間違い」と言わざるをえなかった。南の国境にかかわる一九四六年のイランからの撤兵問題も英米との紛争を引き起こした。このころ親英米派の外交官、リトビノフが米国の記者に対し、ソ連が世界大戦は不可避だという誤った観念でもって領土を拡大しているとソ連外交を密かに批判したことで、八月には解任された（104:29）。

戦後ヨーロッパは大戦争の傷跡により、その世界経済での比重は下がった。各国で労働運動が台頭し、共産党は影響力を伸張させた。これに世界経済の四割をおさえた米国は経済力で対抗した。経済支援のマーシャル計画が立案された。当初はソ連圏も除外されなかった。しかし次第にこの問題で、旧同盟国の対立は抜き差しならぬ関係になった。

その意味ではマーシャル計画への否定的姿勢を明確にした一九四七年七月が冷戦への画期となった。スターリンのブレーンのなかにはハンガリー系経済学者バルガのようにこの計画が、アメリカのヨーロッパに対する外貨提供にすぎず、政治目的はないと評価する学者もいた。しかしグロムイコの後継米国大使ノビコフは、その目的が米国のヨーロッパでの西側ブロック化であると書いた（105:114）。計画の真意はドイツのソ連への賠償をやめ、米国の覇権とソ連の影響を排除する目的が明確になった、とスターリンは諜報機関の情報から結論した。ソ連にならって東欧諸国もパリでの会議への参加を見送った。

一九四八年一月、ルーマニアの学者たちがモロトフをノーベル平和賞に推薦した。世界大戦中の貢献、そして戦後の平和と民主主義への闘争における貢献ということであった。しかしソ連国家の雰囲気は、むしろ核戦争をふくめた冷戦への対応に急速に動きはじめていた。そのなかでのモロトフの動きは、表面に出た冷戦のイデオローグであるジダーノフや彼のライバルのマレンコフらに次第に見劣りするように思えた(105:193)。

戦後のソ連社会

一九四五年の終戦時、国家計画委員会は戦時の損失を六七九〇億ルーブリと算定したが、これは二八年から四一年にかけての総投資の二倍と見積もられた。ロシアだけで五〇〇の都市や居住地が破壊され、人員の損失は二五〇〇万人以上となった。一一〇〇万人が家を失い、激戦地スターリングラード(現ボルゴグラード)のように人口が八分の一にまで減少した都市もあった。

なかでも農業は痛打をうけ荒廃した。一九四一年に一八一九万人いたコルホーズ労働力は、四五年には一一四三万人に減少していた。そうしたなか一部にはコルホーズ解散という説も流れた。スターリン体制下での世論と噂という興味深い研究をしたズゴコバによれば、とくに評判の悪いコルホーズは、スターリンの指示で解散されるという噂すら流れた(82:153)。しかし「闇の勢力」が彼を動かして反対しているといったものもあった。スターリン末期の農民抵抗を研究したベズニンによれば、ボログダ州では、ドイツからの帰還兵士が、「真の人民の敵はスターリンと取り巻きだ、コルホーズをたたき出せ」というビラを密かに配布していた（『祖国の歴史』一九九九年三号）。

　だが政府は低い調達価格を維持し、改革の必要を認めなかった。農業生産はウクライナ、モルダビア（現モルドバ）などで戦前の半分以下となっていた。トラクターも男性労働力もなく、多くは、人力、とくに女性労働となった。コルホーズでの状況は収容所よりも悪く、再犯となってまでも収容所に戻った者がいるくらいであった。

　政府は抑圧手段で応じた。一九三二年の飢饉に対応するための法律「社会主義財産保護法」が、最高刑である死刑をふくめ再度執行された。一九四八年六月には、コルホーズでの労働を忌避し、一定の基準を満たさない「有害分子」は、遠方に追放するという最高会議指令が出た。最高八年追放という厳しい法令はフルシチョフが主導したが、西ウクライナで民族主義者の反乱が生じていたことも関係していた。この年、二万七三五五人の農民がこの運命にあった。多くの農民がコルホーズを捨て、都市に向かった。一九四九〜五三年の間だけで、コルホーズの稼働人口は三三〇万人減少した。しかも最晩年のスターリンはコルホーズ改革を主張した学者を批判し、国家統制を強化しようとしていた。

　飢饉もまた再発した。一九四六〜四七年にかけて一〇〇万人以上が餓死したといわれる(96)。一九四五〜五三年にかけて一〇〇〇万人もが棄農した。飢饉は核開発のためでもあった。研究者ジマは、飢饉は核開発を二〜三年先送りすれば防げたといって二〇〇〇年に学術論争を提起した。軍需産業をあらゆるコストをはらって建設したゆえの飢餓であった。外貨獲得のためもあったが、「フランス人民の食糧事情を救うため」と称して飢餓輸出が行われた。このことは飢饉の一九三二～三三年とまったく同様であった。食糧配給は一九四七年末まで続けられた。

軍拡――ウラン計画

実際、農業危機、飢饉の真因は核開発をふくめた軍拡のためであった。この間、軍事をふくむ重工業優先政策が継続した。ソ連の軍産複合体の研究者シーモノフによれば、戦争直後は軍産複合体からの民需転換が進められた。主要な三つの軍需工業省では人員は一九四四～四六年で、一割以上削減された。軍需工場でも民需生産が強まった。工業生産は相対的にも絶対的にも一九四〇年レベルに低下した。

だが冷戦の進行とともに、この潮流は変わった。しだいに軍事生産への比重が高まり、とくに一九五三～五五年には急速に軍事工業は過剰達成された。たとえばAセクター、つまり重工業への投資は、一九四五年の七五パーセントに対し、四六年は六六パーセントだったが、五三年には七〇パーセントまでに至った。航空機産業は一九五〇～五五年で、倍近く生産した。一九四五年に一パーセントであったジェット機製造は、五〇年には六五パーセントまで増えた。軍事産業は優先された。当然これらは国民経済には巨大な負担となった。スターリン周辺では、第一九回党大会後、「我が国は軍事工業独裁だ」という表現までとりかわされた（4:289）。

なかでも顕著であったのは、「ウラン計画」と呼ばれた核を目指す計画であった。ソ連が核開発のためクルチャトフらの「実験室２」を創設したのは一九四三年初めであるが、翌四四年にはウラン精錬に内務人民委員のベリヤを責任者とするプログラムを発足させた。広島に原爆が落とされた直後の一九四五年八月二〇日、スターリンはアメリカの核独占を阻止するために、内務人民委員ベリヤを議長とする核爆弾開発委員会を国家防衛委員会に設けさせた。

さらに超官庁機関が作られ、核開発にはベリヤの特別第一委員会、ジェット機開発にはマレンコフの第二委員会、サブーロフ率いる第三委員会は放射能関連といったように、開発体制が作られた。ボルガ川流域の極秘都市アルマザス16をはじめ、プルトニウム用のチェリャビンスク40など、秘密科学都市がつくられた（V・N・ノボセロフ『40の秘密』エカテリンブルグ、一九九五）。核開発を担《にな》ったのは収容所での強制労働であった。地下四〇〇メートルのコンビナートであるクラスノヤルスク26の建設のために、一九五三年初めには二万七〇〇〇人もの収容所労働者が働いていて、その最終的解体は六三年であった。一九四九年にはすでに六万人もの技術者が収容所施設内で働いていた。もっとも拘禁された研究者は非能率的であるからか、一九四八年には一部が解放されはじめた。

ウラン採掘のためには東独、チェコスロバキア、ブルガリアなども対象とされた。新たにウラン鉱が発見された極東のコルイマでの採掘には囚人労働が強化された。こうして一九四九年八月、ベリヤらはカザフのセミパラチンスク実験場で最初の核実験に成功し、翌年実験工場ＫＢ11で核爆弾が製造されだした。六年の遅れを取り戻すべく、トムスク7といった核工場は生産を強化した。これらの建設のために全シベリアが電力不足に陥って、ほとんど停電状態だった。劣悪なチェリャビンスク40では、一九四九年に最初の核災害事故が起きたが、その犠牲の規模はチェルノブイリ事故以上と想定される。それでも一九五一年一〇月、スターリンは、国防強化のため各種核実験を続けると宣言した。

収容所には、二四〇万人もの「人民の敵」とされた人々が塗炭《とたん》の苦しみのなかで、日々を送っていた。経済の軍事偏重化は重くのしかかり、スターリン自身が「ソ連における社会主義の諸問題」を書いて経済の遅れを指摘せざるをえない状況でもあった。内務省傘下の収容所では、次第に不満や抗議、反乱すら生じていた。一九五三年の短く暑い夏には、収容所の反乱が起きた。ドイツの収容所より劣悪な環境のノリリスクやカラガンダでは、ストライキ・蜂起などの抗議活動が生じた。ニッケル精錬のために囚人労働が使われた。ストの中心はウクライナなどの民族派だった。バンデラ派といわれた西ウクライナの半カトリック系ユニエイトの支持者は、一九五〇年代までゲリラ的抵抗を行った。

冷戦とジダーノフ

イデオロギー的分断という観点からは、マーシャル計画に対抗して社会主義陣営の結束を確認した一九四七年秋のコミンフォルム（共産党・労働者党情報局）会議、そして翌四八年の第二回会議が画期であった。なかでもコミンテルンの後身、共産党中央委員会国際情報部を握ったジダーノフは、帝国主義陣営と社会主義陣営といった二分法で世界を分類する考え方をはじめて提起した。一九四八年三月の西欧連盟条約から北大西洋条約機構（NATO）が結成される四九年四月までに東西対立が強まった。

同時に、冷戦はスターリン体制下の国内抑圧と重なる。一九三〇年以降のスターリン体制が、ほとんどそのまま戦後に持ち越された。それでも一時期あった自由化の波は覆《くつがえ》された。なかでも一九四六年八月、レニングラードの雑誌『ズビョズダ』や『レニングラード』に関する党中央委員会決定は、国内冷戦の開始であった。「厚い雑誌」を読む癖があったスターリンだが、社会主義体制に否定的であるとして詩人アフマトワなどを槍玉に挙げた。戦後スターリンの政治体制は、より国家主義的で保守的雰囲気が強化された。こうしたもとで外国人との結婚などは禁じられ、国際主義は帝国主義の手先と見なされた。一九四七年、欧米の雑誌にガンの医学論文を投稿しただけで反愛国・反国家と非難された。

このようなイデオロギー抑圧を指導したのが戦後派のジダーノフ書記らレニングラード派である。当時の米国大使スミスも、政治局には「ベリヤとジダーノフ」のような保守強硬派がいるとみていた。だがジダーノフは柔軟性もあわせ持っていた。経済担当のボズネセンスキーを中心に政府・党は一九四七年一二月、配給制をなくし、通貨改革を進めた。ジダーノフ書記も、マレンコフに対抗し、経済政策では農業価格の改革に意欲を見せた。彼らは一定の改革をめざしたともいえる。

とくに党科学部のなかで「学問でのラスプーチン」（シェピロフ）と呼ばれ、マレンコフやフルシチョフらの支持を受けた「遺伝子学者」ルイセンコの学説をジダーノフは厳しく批判した。この背景には、冷戦でサイバネティクスや遺伝子学を軽視できない軍事的合理主義があったといえよう。けれどもジダーノフが一九四八年八月末に療養中に亡くなったことが、レニングラード派の没落につながった。

モロトフ回想ではレニングラード事件の背景には、ジダーノフらのロシア民族主義があり、これがマレンコフ、ベリヤらの不興を買ったためと指摘している(4:322)。この点についてフルシチョフは一九五五年、より詳細な説明を党内で行っていた(III:1:529)。これによると一九四七年秋以降、スターリンは後任の首相をブルガーニンにしようとした。彼はニジニ・ノブゴロド出で、古儀式派系だったので適任にみえた。しかし野心を持つグルジア系ベリヤが反発、長年のブルガーニンのライバル、マレンコフが協調した。この結果とばっちりを食らったのがレニングラード事件関係者の粛清であって、ロシア民族主義の汚名で粛清された、というのである。

いずれにしても経済政策の失敗の責任をとらされ、ボズネセンスキー第一副首相、クズネツォフ書記らは一九四九年に逮捕され、最高裁軍事参与会判決で死刑となった。それはベリヤ－マレンコフらによる権力闘争の一部であった。ちなみにジダーノフの死後、スターリンがイデオロギー担当書記として指名したのはスースロフであった。一九三〇年代からの保守派哲学者であったこの人物が、フルシチョフ改革を生き抜き、そして最終的にはフルシチョフをも追放、ブレジネフ時代の保守的潮流を築きあげた。スースロフは一九三〇年代のイデオロギー硬直化の責任者だった。

東欧共産党の国際組織としてのコミンフォルムができたのはマーシャル計画に対抗しはじめた一九四七年秋であった。この組織はソ連の東欧の共産党への支配が目的だったが、アジアに同様な組織を作る構想は朝鮮戦争のなかで消えた。コミンフォルムは当初ベオグラードにおかれたが、ユーゴスラビア共産党が厳しく批判されて以降、ブカレストに移された。

シオニズム

東欧共産党内部では、イデオロギー的純化と粛清が及んだ。ここにはソ連が積極的に支援した一九四八年のイスラエル建国をめぐる対立も影をおとした。実はソ連はイスラエル国家承認でアメリカに先んじていた。革命前、社会民主労働党内のユダヤ系ブント派の影響は、ユダヤ建国のシオニズム関係者に残り、この流れをくむ労働運動の闘士も多かった。

スターリンは戦時、共通の敵ナチズムをもつ国際的なユダヤ人の支援を期待し、一九四二年三月にはユダヤ人反ファシスト同盟を結成し、演出家のソロモン・ミホエルスらを一九四三年アメリカに派遣した。彼らは帰国後、クリミア半島か、ボルガ沿岸のドイツ自治共和国あとにユダヤ人国家を作ることをモロトフ外相に提言した。ソビエト・ユダヤ人共和国創設案は、裁判で指摘されたところでは、クリミア共和国案がロゾフスキー外務次官を通じて指導部に出された。これは国内のユダヤ人社会からも支持されたが、戦後イスラエル建国問題と絡《から》んで、ソ連東欧でのユダヤ系共産党員のスターリンとの関係は複雑化しだした。

とくにチェコなど東欧やモスクワなどでユダヤ系共産党員や民衆がイスラエル建国のため

の出国運動を始めたことはスターリンを驚かせた。このこともありミホエルスは一九四八年初め、ミンスクでスターリンの指示によって暗殺された（82）。反ユダヤ・キャンペーンが広がった。小説家エレンブルグが、シオニズムは帝国主義の手先であり、ユダヤ人労働者は社会主義と共にあるべきだと「プラウダ紙」に書いたのは九月のことだった。ユダヤ人反ファシスト同盟は一一月に解散され、ユダヤ劇場もまた閉鎖された。

このことはモロトフと夫人の運命にも関わった。反ナチス同盟関連で、ユダヤ人のロゾフスキー外務次官は一九四九年一月に逮捕された。なによりもモロトフ夫人ジェムチュジナは対米関係にもコミットし、一九三六年にはホワイトハウスを訪問したほどだった。ミホエルスとも親しく、またシナゴーグを訪れる彼女に対する独裁者の疑惑をかき立てた。ことに一九四八年の革命記念日にゴルダ・メイヤー初代大使とユダヤ語で親しく話したことは決定的だった（45:243）。このため彼女は一九四九年一月に逮捕され、カザフに女性政治犯として追放された。モロトフはこの処分決定で棄権したことを自己批判した（66:313）。「反コスモポリタニズム」キャンペーンが吹き荒れた。

一九四九年三月にはモロトフ自身も外相をはずされ、かわりに粛清裁判で有名なA・ビシンスキーが就《つ》いた。モロトフの役割は、内務省文書館関連モロトフ資料（6）によれば、建設、捕虜などの任務が、政府第一副首相として残された。日本人やドイツ人捕虜関連の仕事もあったが、明らかに副次的なものであった。

それでも一九五一年九月からドイツ問題で主導性を発揮しようと平和条約問題に関するノ

ートをモロトフは書いた。それは東ドイツと西ドイツの共産党とが平和条約締結をめざすことでドイツ統一を求める、というものであった（105:127）。なかでも一九五二年三月一〇日、ソ連はスターリン・ノートと呼ばれるドイツ統一に関する方針を出した。実際これは内容的にはモロトフ・ノートと呼ぶべきものであった。ドイツの中立化とひきかえに統一させるという新方針であった。これに対し西側は一九五一年九月に自由選挙案を提起していた。結局東西の溝は埋まらず、ソ連側の統一案は実らなかった。スターリンは一九五二年四月に西側がドイツから撤退する見込みはないと判断した。年末までに西ドイツは西側との同盟に踏み切り、モロトフと外務省の試みは挫折した（129）。

一九五二年にモロトフは政治局の後身である幹部会ビューローからも外され、一〇月には外務省の監督からも除外された。スターリンはクリミアでのユダヤ人自治州創設をふくめた提案でモロトフを批判した（129）。モロトフ夫人もこの件に関与していた。ちなみに、スターリンは、カリーニン、ボロシーロフら政治局員の妻たちも捕まえた。

第三次世界大戦？

冷戦の深刻化は一九四八年以降ますます決定的となった。外交陣でも西側と接触を持った外務次官マイスキーは一九四六年降格され、五三年二月には逮捕された。反ファシスト同盟裁判で、ロゾフスキー外務次官は一九五二年八月に処刑された。

第一九回党大会では政治局は幹部会となり人数も増えたが、ここでも明らかな後継者はいなかった。幹部会ビューローからモロトフ、ミコヤンですらも一九五二年までに退けられた。ミコヤン回想では、彼らの親西欧的立場、正確には欧米との交渉に当たったことが原因だった。代わって台頭したマレンコフ、フルシチョフ、ベリヤらが、政府と党務を務めた。

一九四九年の中国革命の成功と人民共和国成立とは、スターリンのアジア観を変えた。だがそれは現実性を欠くものであった。スターリン自身は最後まで中国革命には消極的であった。中国東北部の共産党指導者高崗《こうこう》を高く評価した。高自身も中ソ同盟を約すべき一九四九年七月の訪ソ時、満州をソ連の共和国にすべきだと発言し、問題となった。だが現実主義者でもあった毛沢東は一九四九年末からモスクワに滞在、中ソ友好同盟相互援助条約を締結した。

なかでも一九五〇年六月二五日、朝鮮民主主義人民共和国が武力統一を仕掛けて始まった朝鮮戦争は激戦となった。南北に分断された朝鮮半島では、スターリンは統一には消極的であった。だがソ連と関係の深かった金日成《キムイルソン》首相が武力統一を主張、一九四九年に中国革命が成功し、中ソ同盟条約ができたこともあって極東の国際環境は変わった。

一九五〇年四月の金日成との会談で、スターリンは六月の冒険的な南進統一に支持を与えた。実際六月二五日に始まった北からの侵攻の結果は、国連軍の介入、そして一〇月の中華人民共和国志願軍の参戦となった。この間アメリカは日本との単独講和に傾いたが、ソ連は一九五一年のサンフランシスコ講和の調印を拒否し、対日政策は混乱した。一九五二年八月、朝鮮戦争の停戦のため訪問した中国の周恩来《しゅうおんらい》に、朝鮮戦争は第三次世界大戦を引き延ばすために利用したい、とスターリンは直截《ちょくせつ》に語った（100:259）。この会議にはモロトフも同席したが、発言は少なかった。

こうして一九五〇年末までに、スターリンはNATOの脅威に対抗する東欧全般の体制を強めていた。戦争準備を真剣に模索した。一九五一年一月、スターリンは、東欧の共産党幹部と各国国防相を呼んだ会議をひらき、軍最高幹部を同席させた。そこでソ連軍幹部は一九五三年末にも戦争準備を完成すべきであると言った（60:41）。これに応じて、コミンフォルムの組織を強化し、かつてのコミンテルンのような強固な組織を作ることが計画された。一九五一年一月に予定された第四回会議で、書記長にはイタリア共産党のトリアッチが擬された。しかしトリアッチはスターリンの提案を断り、以後スターリンのこの組織への関心は低下した。

戦争への雰囲気は増大した。核保有国となったソ連だが、スターリンは第三次世界大戦の影におびえた。とくに一九五二年後半からは戦争は不可避と考えられ、戦争準備が進められた。極東でもチュコトカ、カムチャトカの軍事化が進み、このための鉄道建設も促進された。一九五〇年ソ連はいったん廃止した死刑判決を「裏切り者、スパイ」を対象に復活させた。なかでも一九五三年一月に発覚した医師団陰謀事件は「白衣の医師によるスパイ・テロ容疑」として九名のユダヤ系医師が逮捕された。時局は次の展開を待つばかりであった。

正教が復活したがそれはイデオロギーからの解放というよりも、国家主義的であり、ユーゴやギリシャなど東欧で優越的な東方正教との関係で政治的に利用されたにすぎなかった。

一九四九年から外相となるビシンスキーはマルクス主義の「国家の死滅」論を批判し、国家主義をかかげた。「死滅」論を主張したのはブハーリンなど「裏切り者」であって有害な理論である、とスターリン流の国家の強化を正当化した。

スターリン最後の粛清

最晩年、猜疑心が強いスターリンは革命家世代を一掃しようと考えていた。農民の窮状を救うため穀物の値上げを考えたモロトフまで、スターリンは右派と見なした。歴史家ナウモフによれば、実際スターリンは内務省から直接自分が管理する特別機関(シキリャトフ議長)を作り、党幹部専用の監獄も着工されていた(32)。

実際、スターリン最後の粛清が一九五三年一月に公表された。高名な医師たちが、スターリンなど党幹部暗殺を謀《はか》ったとして逮捕された。主にユダヤ系民族組織の陰謀とされた事件は、これを暴露しなかったとしてアバクーモフ国家保安相の責任まで問われた。しかし完全なでっち上げであったことを、これに巻き込まれたラパポルトは『二つの時代の間で』で明らかにしている。

この間、収容所は拡大し一九四五年一月、一四六万六七七人であったが、四七年には一五〇万人、翌年は一一〇万人の囚人を受け入れた。一九五三年一月、内務省は収容所、コロニーの総人口を二四七万二二四七人と記録した。そこには政治捕虜や、戦後対独協力者、チェチェン人やクリミア・タタール人などがいた。またバルト諸国などから、特別移住者が収容所に加わった。一九四八年には旧反対派など政治犯用に特別収容所も一二ヵ所つくられた。彼らは運河からトンネルをへて核兵器に至る、スターリンの特別プロジェクトに労働力を提供した。

スターリンがあと一年長生きしていたら無事でなかっただろう、とモロトフ自身回想したほどの状況だった。モロトフもヒステリーとなり、口が開かず、薬を飲むのにも苦労するほどだった。そのころベリヤはモロトフに囁《ささや》いた、「夫人はまだ生きているよ」(16:361)。

第七章　非スターリン化とドグマチーク（教条主義者）

一九五三年三月のスターリンの死は、ソ連での戦後の「雪どけ」であった。さっそく改革の第一バイオリンを弾いたのは内相ベリヤであった。だがあまりに出過ぎ、また党機関を握ったフルシチョフ第一書記を無視したため失脚した。その後のフルシチョフ改革は、スターリン主義者モロトフらにとって行き過ぎであり、一九五六年のスターリン批判とその後のグルジア（現ジョージア）、東欧での暴動を誘発する。こうしたなかでモロトフらは一九五七年、フルシチョフに対して解任を迫り、幹部たちの支持を得るが、地方幹部や軍の支持を得たフルシチョフは逆にモロトフらを「反党」事件で幹部会から解任した。

戦後ソ連とスターリンの死

ソ連に出現しはじめた戦後現象とは、街々に浮浪児やフーリガンたちが出没しはじめたことであった。「反社会的フーリガン現象」と当局が呼ぶ事態は、スターリン末期以降増加した。この件では一九四六年には七万人が裁かれたが、五三年に一三万人、五六年には二〇万人に増加し、五七年には一五〇万人が取り調べられた。

当時モロトフ現象と呼ばれたほど犯罪が集中したモロトフ（現ペルミ）市では、浮浪児など若者がこれに参加した。集団化、粛清、戦争が少年たちの浮浪化と犯罪を呼んだ。一九五三年九月、ラトビアの都市では少年収容施設の若者と民警との対立で二日間機能麻痺となったほどだ（34）。「トルーマン、解放者」といった表現があったという。一九五六年には「第二のハンガリーを」とか「第二のブダペストを」といった反体制的表現もあらわれるようになる。一九五七年カザン駅には「フルシチョフ、ブルガーニンはレーニンの思想から離れ、ロシアを売っている」といった言葉もあった。

一九五三年三月五日夜、スターリンは死去した。指導部とつながりのあった作家K・シーモノフが見たところ、モロトフだけがスターリンの死を心から悼んだ、ほとんど唯一の政治局員であった（69:270）。スターリン自身は直前までモロトフらの粛清を準備していたにもかかわらず、である。こうした不可解な状況でスターリン時代は突然終わった。ソ連は一九二〇年代末からのほぼ四半世紀にわたる戦時状態から解放された。

一九五三年以降の数年の政治史では後継をめぐる主導権争いが、脱スターリン化と一定の民主化と絡《から》み合った。権力の空白を埋めようとしたのは、直前までスターリンの宴《うたげ》に呼ばれていた三人の側近、ベリヤ、マレンコフ、そしてフルシチョフであった。後継体制をめぐって開かれた独裁者臨死の席での幹部会ビューロー会議には、成員ではなかったモロトフ、ミコヤンらも招かれたが、後継者は決まらなかった。順当にいけば三五年間も政治局など党の要職にあったモロトフが後継者となってもおかしくない。しかしシェピロフ外相が回想するように、党への献身、規律は「極端なまで、直接の物神化」に至る欠点があった（『歴史の諸問題』一九九九年三号)。第一九回党大会報告にあたったマレンコフも候補と見なされた。グルジア人のベリヤ、党書記のフルシチョフは司会役であっても、候補ではなかった。

結局、一九五三年三月五日の党中央委員会総会、閣僚会議・最高会議幹部会の合同決定で、マレンコフが首相、ベリヤが第一副首相兼内相、ボロシーロフ最高会議幹部会議長、フルシチョフ共産党書記、ブルガーニン国防相、といった人事が公表された。モロトフは外相に復帰した。これらの会議に参加した作家シーモノフは、総会には、圧制から解かれたという安堵の雰囲気があり、ベリヤとマレンコフが取り仕切ったと回想した。三月六日、独裁者の死が公表された。死者はさらなる死者を呼んだ。三月九日スターリンの葬式の混乱で人々が亡くなった。ちなみに葬儀当日はモロトフの誕生日でもあった。フルシチョフ、マレンコフがプレゼントは何がいいかときいたら、夫人を返してほしいと答えたという。事実、夫人ジェムチュジナは釈放され、復権第一号となった(68:15)。

スターリンの死の直後から指導者間に反スターリンの雰囲気が現れた。実際、三月の党中央委員会総会でスターリンを称揚したテボシャンら数人の幹部は更迭《こうてつ》された(51:94)。明らかに政治環境は変わった。外務省でも、硬直したビシンスキー外相からモロトフに戻っただけでほっとした雰囲気が生じた(13:58)。モロトフですら、一党制だからベリヤのような人物がトップに立てたと数ヵ月後には一党制を批判するほどだった。

ベリヤの新路線

こうしたなかスターリンと同郷でグルジア人内相であったベリヤの台頭はめざましかった。モロトフによれば、ベリヤは無原則な公安官僚にすぎず、理論やイデオロギーには関心がなかった。だが収容所を解体、ドイツの統一を提案、コルホーズを解散、さらには共産党の役割を変えようとするなど、改革派としての側面を演出しだした。背景には、巨大な収容所をおさえる秘密警察のトップであるだけでなく、経済・科学技術、つまりロケットや原水爆製造の膨大な科学技術帝国の長としての顔もあった。閉鎖的抑圧体制のなかでは、情報のトップだけが、社会経済の実情、国際社会での地位を理解しえる。

彼はすでに一九四五年、超法規的な「オソ」を解体すべきだと提起していた。ベリヤはコルホーズが不人気であることを極秘の世論調査で知っていたし、一九五〇年には強制労働が自由な労働よりも高くつくという調査報告を得ていた（27:151）。収容施設には一九五三年一月で二四七万二二四七人が収容されていた。事実、彼は、一九五三年四月までに即座に収容所人口の約半数、一二〇万人を解放した。また内務省管轄の施設が他の官庁に移された。間宮海峡トンネルなど、囚人労働を使った二二もの巨大プロジェクトも中止された。もっともこの解放は、自由化がうみだす一時的混乱を利用する高等戦術でもあったという考えもある。

他方でベリヤは医師団陰謀事件や、ユダヤ人抑圧事件のミホエルス事件などの再審を開始した。イスラエルとの外交関係改善にも意欲を見せた。バルトの民族共和国でも地元民族幹部を優遇した。ベリヤはコルホーズの解散も考えていた。息子セルゴは「父は、コルホーズを人間の搾取機関と言った」と書いている（18:53）。ベリヤがこの面で先頭を走った。七月の秘密の党中央委員会総会決定でも、ベリヤが「コルホーズの崩壊を促《うなが》した」と、指摘されているほどである。消費財重視への転換もまた、マレンコフ、とくにベリヤが先陣を切っていた。

さっそくベリヤらと、モロトフ外相ら保守派との対立が生じた。ベリヤは外交問題を政府、つまり閣僚会議幹部会で処理し、ボリシェビキ党の伝統である党幹部会、つまり政治局で論じなかったと、モロトフは指摘している。ベリヤは保守派のモロトフを嫌い、親英派の外交官マイスキーを外相に擬していたとも回想する（4:341）。このためかマイスキーは一九五五年まで逮捕・勾留されることになる。

ベリヤがモロトフと対決したのは対外政策、なかでも東欧政策であった。とくに東ドイツに対してベリヤは、モロトフによれば、「社会主義化を否定した」と回想している（4:332）。ベリヤ、マレンコフが中立の統一ドイツまで展望していたかはともかく、大胆な東西融合、「兵営社会主義」からの脱却を主張し、政策転換を主張した。だがモロトフ外相の保守的な批判にはフルシチョフ書記が同調した。もっとも冷戦研究者M・クレーマーなどは、モロトフは、ベリヤの新方針に当初から反対ではなく、一九五三年六月のベルリン暴動の結果を見てその責任をなすりつけたという説を唱えている（103）。

ドイツの中立案自体は新しくない。スターリンもドイツ敗色が濃くなったころから弱い中立ドイツを支持していた。一九五二年三月にも、スターリンは中立ドイツというカードをきった。モロトフにも中立ドイツという選択肢はなくはなかった。だが改革の予兆は当局の意図を超えた。一九五三年六月のベルリン暴動では大衆暴動により三〇名が死んだ。この危機を契機として政策は変わった（『歴史の諸問題』二〇〇〇年五号）。東ドイツ指導部の保守派の支援をうけてソ連でも改革は後退し、ベリヤの失脚につながる。

ドイツと並んで朝鮮半島でも変化が生じた。一九五三年七月朝鮮戦争は双方が休戦協定に調印することで一応終わった。もっともこれはソ連での内部対立とは関係しなかった。保守派のモロトフは朝鮮戦争時には外相からはずされていたし、この問題に特別のこだわりもなかった。回想でこう語っている。

朝鮮戦争を終わらせることにした。この問題は、我々には不要だった。当の朝鮮人が我々に押しつけたものであったからだ（4:104）。

権力をめぐる暗闘が激化した。もっとも、その時言われたベリヤの党への陰謀なるものは存在しなかった。ベリヤ追放の首謀者はフルシチョフであった。ベリヤを英国のスパイとまで言った。彼の働きかけに協力したモロトフは、政治局から除名すべきだと話した。だがミコヤンは解任には反対だったようで、回想ではふれていない。ボロシーロフは賛成した。ちなみにフルシチョフがモロトフにベリヤの解任をほのめかした時、モロトフは、除去するだけでいいのかと言ったことを、後任の外相シェピロフは聞いていた（『歴史の諸問題』一九九八年八号）。ベリヤの立場はレーニン死後のトロツキーと似ていた。党機関を握っていたスターリンを軽視したトロツキーが結局敗北したように、党機関を握って野心的なフルシチョフの役割をベリヤは過小評価していた。結局マレンコフが議長をつとめた政治局会議で処分が決まった。彼自身が逮捕を命じたが、軍幹部を動員してベリヤを逮捕させたのはフルシチョフだった。七月には秘密の党中央委員会総会が開かれ処分を決定した（42）。一九五三年一二月、軍の裁判所で処刑された。当時出版された『大ソビエト百科』の第二版では、ベリヤの部分がカットされ、かわりにベーリング海の記述に差し替えられた。ちなみにベリヤ復権問題が浮上したのはドイツが統一される一九九〇年であったが、いまだに復権はない。

フルシチョフ第一書記の台頭

こうしてスターリン死後、権力の配置がかわった。ベリヤに近かったマレンコフ首相も一九五五年一月末の党中央委員会総会で首相を解任された。後任は、フルシチョフが一九三〇年代にモスクワ市政を担当した時の同僚ブルガーニンになった。フルシチョフによれば一九四七年から彼が本来の後継だったのであり、ベリヤ－マレンコフらが妨害してきたのである（III:1:529）。ちなみに彼らはベリヤ以外いずれも一九三〇年代初めのモスクワ党組織の同僚であった。こうしてフルシチョフは第一人者にのしあがりはじめた。モロトフにとっては、革命時のどさくさに入党したフルシチョフは「傑物だが、尻の青いコムニスト」であり、地下活動もレーニン主義もわからない若者でしかなかった（「独立新聞」二〇〇〇年三月四日）。

しかし彼の下で合法性へのプロセスも始まった。もっともそれは党支配の安定という枠内でしかなかったが。KGBと改称されるようになった政治警察には、各級《レベル》の党機関が関与し、したがって党官僚支配は確保された。たとえば強制（矯正）労働収容所をやめ、一般の刑務施設に移すという提案は、党官僚やKGB議長セロフの反発で中止となった。一九五九年でも八六万二七〇七人が収容所・施設にいたといわれる。それでも新検事総長ルデンコは、公開裁判をやらないと語った。

フルシチョフは党組織を自己の基盤とした。一九五三年半ばには地方幹部の支持をえるため、中央機関のノメンクラトゥーラを削減し、彼らに分与した。なかでもコルホーズ農業政策は重要であった。一九五三年九月に党第一書記になると、農産物価格を値上げし、コルホーズ農民の生活は多少向上した。農村にほとんど行かなかったスターリンとは異なり、農業に詳しいフルシチョフは地方を回って、彼らが何を求めているかを知っていた。一九五四年にはカザフなどでの処女地開拓をめざし、ブレジネフなど若手党官僚を通じて青年組織を動員した。

さらには、軍事政策も彼の基盤となった。スターリンの世界戦争不可避論に代わった平和共存論は、イデオロギー的保守派からの反発を買ったが政治的には勝利した。安全保障面では、大規模な陸海軍を維持するよりもロケット部隊を優先するという政策は、ミサイル・ロケット部隊の近代化を願う軍改革派の意向にも沿っていた。フルシチョフにゆかりのウクライナで軍需ロケット生産が発展した。軍産複合体の重心は、後任のブレジネフ時代をふくめ、ウクライナへと移った。こうして軍の一二〇万人の人員整理を進めつつ、一九五五年に国防相に登用したジューコフ将軍との関係は強まった。もっともフルシチョフはスターリングラード戦指揮の拙劣さも手伝って、軍内部での支持は少なかった。米国大統領アイゼンハワーと戦友で、同格意識を持つジューコフ国防相は軍の独自性を追求し、軍内部での党の役割を弱めはじめた。

モロトフ外交の再編

この間一九五四年一月、モロトフは外相としてベルリンの四国外相会議に出席し国際舞台に復帰した。ダレス、イーデンなどを相手とした、モロトフの態度は一見スターリン期のそれに見えた。けれども変化は明らかであった。モスクワにコメディ・フランセーズがやってきたのはモロトフと夫人の影響だった。一九五四年七月のジュネーブで、モロトフは、今や国際問題で交渉によって解決できないものはないと述べた(9:233)。この会議でモロトフはアジア外交でも主導性を発揮し、中国の周恩来もモロトフに特別の敬意で対した。対イラン外交もモロトフが改善した。

核大国となったソ連は核政策を展開しはじめたが、ジレンマも生じた。なかでもサハロフらが開発した水爆はその巨大な破壊力で指導者を驚愕《きょうがく》させた。当時モロトフのライバルの一人でもあったマレンコフは、一九五四年三月、核戦争による「世界文明の死滅」を懸念すると発言して保守派の反発を買った。彼の軽工業重視も同様だった（43:100）。このため一九五五年一月の党中央委員会総会で批判され、首相を解任された。ちなみにこの時「共産主義者は世界文明の破壊とか、人類の死滅などといった言い方をすべきでない」と、もっとも強く反発したのはモロトフであった。

オーストリアとの平和条約もスターリン時代からの懸案だった。スターリンの死後マレンコフとフルシチョフは早期締結を主張、他方モロトフは慎重だった。一九五五年七月の党中央委員会総会でフルシチョフはモロトフとの確執を明らかにした。「モロトフのみるオーストリア問題は、腐った卵だ、くずとともにすてろ、ほうっておくと悪くなる」とフルシチョフはモロトフに語った。こうして中立オーストリアとの平和条約が締結され、この結果ソ連軍は撤退した。

モロトフは条約締結後、個人的に調印地のウィーンで休暇を過ごした。一九五五年六月にはサンフランシスコで、ダレス長官に、ベーリング海で沈んだ米海軍軍艦に関してソ連政府からのお悔やみを言った。この冷戦の闘士もモロトフを「今世紀の偉大な国際政治家が活動するのをみてきたが、モロトフほど完成された外交技量を持った人物を見たことはない」と言った。

一九五五年九月には、西ドイツのアデナウアーがはじめてソ連を訪問、フルシチョフらと会見、国交回復を宣言した。もはやソ連にはドイツ軍兵士はいないと、ブルガーニン首相は語った。ニューヨークの国連でモロトフも「モスクワからニューヨークの道はよくなって快適」と語った。ここで、モロトフが一九六〇年代初めを送ることになる国際原子力機関（IAEA）設立が決まった。また一九五五年一〇月のジュネーブ外相協議以降、日ソ交渉も進展しはじめた。

けれども国内でのモロトフの立場は悪化した。若手外交官としてハンガリーに勤務したクリュチコフ（のちKGB長官）によれば、一九五五年四月、外務省内部で党会議が開かれた。ここで第一外務次官グロムイコは、厳しい口調でモロトフの活動スタイル、運営を批判し、新しい活動アプローチを要求した（114:1:33）。新しいミスター・ニエットがこのような大胆な行動に出たのは、フルシチョフの後押しがあったからだ。しかし結語で反論したモロトフは、世界帝国主義の包囲のなかで、社会主義陣営を守る、といった保守的立場に終始し、グロムイコのコメントは無視した。参加者は、誰が次の大臣になるかと息を潜《ひそ》めた。教条と現実とを折り合わせることは難しかった。一九四五年一〇月にも、英国外相ベビンが、スターリンをヒトラーと比較した時、モロトフは硬直し、席を蹴らんばかりであった(90:125)。ソ連外交は変わりはじめたが、モロトフは変わらなかった。

ユーゴ問題とモロトフ

フルシチョフとモロトフとの対立で、ユーゴ問題は最大の論点となった。もともとはコミンフォルム結成時からもち越された対立であった。一九四八年三月、モスクワとユーゴ共産党との間に起こった対立は、瞬《また》く間に六月のコミンフォルムからのユーゴスラビア除名という事態に至った。なかでも一九四九年八月、ユーゴ国内でソ連派支持者が逮捕されたのを受け、チトーとカルデリとに最後通告を送ったのはモロトフ外相であった。チトー体制は、ファシスト・テロリスト独裁とまで極言された。もっとも、状況は一見するより複雑であった。のちの一九五五年、スースロフは、アルバニア共産党の指導者ホッジャに対し、四八年のユーゴ問題がモロトフの降格に関係したといって、モロトフがスターリンらとこの問題で対立した可能性を示唆した（15:155）。

これにはアルバニア、とくにコソボ問題も関係していた。一九四六年アルバニア共産党指導者ホッジャは、ユーゴスラビアのチトー大統領に、両国とも社会主義化したらコソボはアルバニアに編入すべきだ、と提案していた。チトーはアルバニアとユーゴとの連邦を目指した。一九四八年一月にかけて両者の関係は悪化した。スターリンは連邦を急ぐなと指示したが、チトーはスターリンの許可なしにアルバニアの基地提供を要求した。スターリンは批判した。ソ連とユーゴ、つまりモロトフ外相とカルデリの関係は悪化した。一九四八年三月、ユーゴ指導部を「反マルクス主義」と断じたスターリン、モロトフはソ連の指導的役割をユーゴが無視したという書簡を出した。他方ホッジャもユーゴが自主路線を採《と》りはじめた一九四九年、「ユーゴ共産党は大セルビア主義と同じだ」と、ソ連指導部に訴え、アルバニア人のコソボでの武力支援を主張した（94:31）。

しかしスターリンの死後、ベリヤがこの問題でも第一バイオリンを弾いた。旧路線に固執《こしゅう》するモロトフは指導部で孤立し、マレンコフやカガノビッチすら支持しなかった。一九五三年六月、ソ連政府は大使交換などユーゴとの関係正常化に動いた。ベリヤはこの期間、内務省ルートでチトーとランコビッチ内相とに極秘の和解の書簡を送っていた。その後フルシチョフも軌道修正に同意した。一九五四年六月には関係正常化へ向けたソ連共産党中央委員会の書簡が出された。

だがモロトフは、政治局で孤立しながらも反対を続けた。「一九五五年春から夏にかけて、フルシチョフとミコヤンらはチトー主義者に傾斜したが、それはマルクス－レーニン主義からの日和見《ひよりみ》主義的な後退であった」と書いている。一九五五年七月の党中央委員会総会でも闘争が続いた。「モロトフは、自分の古い観念、過去の自分の発言に従っているだけ」と、ミコヤンは発言した。これに対しモロトフによれば、チトーとランコビッチのユーゴは社会主義でなく、資本主義国家だった。シェピロフを中心とする政治局小委員会は、ユーゴは社会主義であるという見解をまとめた。

だが、モロトフはこのことを七月の党中央委員会総会で、チトーとの関係改善は「他のブルジョワ国家との関係」にすべきだ、党関係の正常化は「別の陣営に対して手をさしのべた」とユーゴ政策を批判した。もっともマレンコフは、たんなる国交正常化だと同調しなかった。党内の亀裂は明確だった。

この七月党総会の内容はいまだに公開されていないが、それは日本、イタリア、ドイツなど枢軸国、そしてユーゴスラビア問題をめぐるフルシチョフの新路線とモロトフの保守路線との激突の場であったからであろう。事実この会議に参加した英国大使マリクは、ロンドンに戻ってくるなり日本大使松本俊一《まつもとしゅんいち》に、ハボマイ・シコタンの「二島論」での決着をほのめかすことになる（112:425）。八月になって、フルシチョフもこの七月総会について語っている。一九二〇年代から国際関係をやってきたモロトフと外交をめぐって戦うのは「容易ではなかった」と彼は語った（111:1:549）。

一九五五年五月、モロトフ外相以外のフルシチョフ、ミコヤンら政府代表団は、ベオグラードを訪問した。フルシチョフは一九四八年以来の関係断絶を詫び、和解をねらう。相互尊重、内政不干渉の共同宣言が出された。関係は改善された。一九五六年三月、ユーゴからのモスクワ大使ミチュノビッチがモロトフに最初に会った時、モロトフは丁寧で、彼が一九四八年からの関係悪化の主導者であったとは思えなかったと回想している（47:43）。その後一九五六年六月初めには、答礼としてチトー大統領が、鳴り物入りでモスクワを訪れた。ユーゴ共産主義者同盟とソ連共産党との関係が修復された。

この時を選んで、モロトフ外相は解任された。後任の外相はシェピロフだった。一九五六年九月に、フルシチョフ第一書記もユーゴを再度訪問した。一九五七年、党中央委員会総会でもミコヤンがモロトフのユーゴ政策を再び批判した。

第二〇回党大会とスターリン批判

一九五六年二月、第二〇回党大会でのフルシチョフによるスターリン批判は世界を震撼《しんかん》させた。モスクワを訪れたイタリアの老党員は、ダンテの天才だけが、ここで何が起きたかを描写できると回想した。それまでレーニンの継承者、解放者といわれたスターリンの体制と政策が、後継者フルシチョフ第一書記によって痛烈に批判されたからである。これは同時に、スターリン派のモロトフ、カガノビッチ、マレンコフに対するフルシチョフ、ミコヤンからの党内闘争の局面でもあった。

すでに指摘したようにベリヤは個人崇拝批判をはじめた。一九五五年秋、党内ではポスペロフの小委員会が「個人崇拝批判」の資料を準備したが、同時に意見の分岐も表面化していた。保守派のモロトフ、カガノビッチはスターリン批判に反対であった。

なかでも一九五六年二月初めの委員会資料では、三五年から四〇年代の恐るべき粛清の数字が出され、衝撃を与えた。大会直前の幹部会での議論では、一九三〇年代半ば以降、スターリンに忠実だった党幹部の粛清に限定した報告を行うものの、モロトフらの責任は問わないという含意だった。だがフルシチョフは秘密会議でより立ち入った批判を行うべきことを主張、了承を得た。カガノビッチの回想によれば、保守派は党の分裂をおそれて沈黙したという。この時党中央委員会総会も開かれ、秘密会を開催することを五分で決めた。したがって幹部には批判自体は事前に知らされていたことになる。

一九五六年二月二四日から始まった第二〇回党大会中、ミコヤンの演説では、「ある個人」を批判し、同時にスターリンの経済論文を批判した。最後にはフルシチョフの資質と決意だけがこの過程を推し進めた。二月二五日、フルシチョフは秘密会を招集し、四時間の演説を行った。内容はフルシチョフ案にシェピロフ書記が大急ぎで追加したものであった。スターリンについて、レーニンの遺言で警告されたことが無視され、共産党の機関を軽視し、一九三七～三八年には忠実な党幹部の粛清に関与したこと、スターリンがナチス・ドイツの戦争準備を無視し、軍幹部を粛清したこと、このため緒戦で敗北したこと、が指摘された。

スターリン批判はソ連国内でも国際的にも秘匿された。とくに外国共産党の最高首脳にはきわめて限定的にではあるが提示された。ここにはふたつのランクがあった。第一は、秘密報告を直後に提示された一三の友党の代表者であって、翌二月二六日には示された。

第一位は中国共産党の朱徳《しゅとく》、以下、フランス共産党のトレーズ、イタリア共産党のトリアッチ、チェコスロバキアのノボトニー、ブルガリアのチェルベンコフ、アルバニアのホッジャ、ハンガリーのラコシ、ルーマニアのデジ、ポーランドのビエルート、東ドイツのウルブリヒトと続いた。そして一一位には朝鮮労働党の崔庸健《チエヨンゴン》、モンゴル人民革命党のダンパ、第一三位がベトナム労働党のチョン・チン、であった。

政権党と仏伊の党には一応代表に示された。翌日にはフィンランドなど西側や第三世界の一六の友党指導者にも見せられた。それ以外の兄弟党には帰国間際に「一〇～一五分間」見せられた（115）。ちなみに日本共産党の代表袴田里見《はかまださとみ》はなぜかまったく知らされることなく、当時北京にあった日本共産党北京ビューローに戻ってはじめてその内容を知る。

報告は国内では各級《レベル》の党組織の秘密会や、コルホーズ、学校で読まれたが、出版は予定されなかった。たとえば一九五六年三月には作家同盟の党集会が討議した。歴史研究所では、歴史家パンクラトバがスターリンの悪影響を指摘した。ユーゴやフランス共産党機関誌もその内容を一部伝え出した。

反フルシチョフ暴動

予想されたように衝撃と反動とは激しかった。なかでもスターリンの故郷グルジアでは、反フルシチョフ暴動が生じた。歴史家コズロフのトビリシ暴動の論文によると、グルジア人は批判を民族的侮辱として受け止めた。「全民族の父」はグルジア人にはむしろ厳しくあったのだが、これに反発する暴動が生じた(34:155)。

なかでもスターリン死後三周年にあたる一九五六年三月五日、首都の学生やフーリガンがスターリン像の前に集まり、肖像を掲げ服喪行進をはじめた。多くは学校を出たが、与えられた農村での仕事を拒否したような半失業の若者であり、そこには「金の若者」と呼ばれた高官の子弟もふくまれていた。秘密演説はトビリシでもごく一部の党員に読まれただけであったが、これを解説した党中央の非公開書簡の内容が伝わり、ショックが広がった。

翌々日の三月七日、国立大学の学生が「偉大なるスターリンに栄光あれ」とデモで叫び、七万人が集まった。その翌日三月八日に暴動はさらに拡大し、バスや車を奪取して自然発生的に集まった。民警やロシア人、アルメニア人との衝突事件も起きた。集会では共産党第一書記に説明を迫った。彼も「我らがスターリンを誰にも侮辱させない」と結ばざるをえなかった。翌日の追悼集会は、当局の統制を超えた。内務省職員が殴打され、集会は中央指導部の即時交代を叫び、郵便、電報局、編集部の奪取という闘争を宣言した。

要求は民族暴動へとつながった。スローガンには、「ロシア人は占領者」「スターリンの息子を中央委員に」「ベリヤ万歳」「モロトフを首相に」というものもあった。この非合法運動の中心は二つあったと、当時の内務省の内部報告は伝えている。なかには、グルジア国歌を歌い、グルジアのソ連離脱を求めた民族主義的印刷物もあった。三月一〇日には戦車が出動し、スターリン像前の衝突で一五名が死んだ。民警約二〇〇名も負傷した。故郷ゴリでは一八名が陰謀容疑で逮捕され、自由剥奪八年となった。中央のスターリン派の意向もさることながらトビリシ暴動は、民族的政治的覚醒の萌芽ともなった。ちなみに一九九一年大統領となるガムサフルジアらはこの七月、民族派の半地下組織を作った。グルジアで初めての反ソ活動であると指摘した。

スターリン批判は、故郷グルジアでこそ悲劇的な結果を生じたが、逆にこれを進めてスターリンを、党の裁判で裁くべきだという声すらあった。党指導部は「不健全な批判」へのブレーキを意図した書簡を送った。フルシチョフは後退した。批判はトーンダウンし、逆にモロトフのような保守派は、スターリン批判をやめよと執行部に迫った。モロトフは、後任のシェピロフ外相に、スターリンをけなすなと言った。シェピロフは、けなしているのではなく、第二〇回党大会決定を守るのだと言い返した（『歴史の諸問題』一九九八年八号）。一九五六年六月、英国の駐ソ大使ハイターは、外国人を招待したパーティーの席で、フルシチョフが演説した時、モロトフとカガノビッチとが「不必要だ」と会話するのを耳にした

（36:43）。

ちなみにこの一九五六年四月から翌年にかけて、モロトフは三〇年代の粛清裁判の再調査、とりわけ三四年末のキーロフ暗殺事件の再審査を担当した。フルシチョフの意図は、モロトフ自身がこの過程に直接関与したかの検証だった。一ヵ月以内とされた調査の期限は大幅に遅れ年末に出されたが、結論は、暗殺は犯人ニコラエフの単独犯行であって、陰謀はなかったというものであった。だが、スターリン批判派のフルシチョフなどはこの調査結果には満足しなかった（アレクサンドル・バストイルイキン、オリガ・グロムツェワ『影はスモリヌィに消える』二〇〇一、九六ページ）。もっとも一九六一年の第二二回党大会での再度のスターリン批判もモロトフらの信用失墜を目的としていた。彼の一九六四年の中央への書簡で、再度キーロフ暗殺単独犯行説をモロトフは書くことになる（104）。

ハンガリー事件

東欧ではさらなる大変動が起こった。一九五六年には党指導者ビエルートがモスクワで亡くなったポーランドでは六月末にポズナニで暴動が起き、民族コムニスト、ゴムウカが復活した。最大の危機はハンガリーであった。ハンガリーの新体制をめぐっては、ソ連での党内闘争が影を落とした。一九五六年七月、スターリン派のラコシは、ソ連指導部の圧力もあって亡命した。かわってフルシチョフとマレンコフとは、ハンガリーの新第一書記としてカダルを推した。モロトフは、のちに異論派社会学者となるが当時は保守派の首相ヘゲドゥシュを推した。紛争が拡大した。

一九五六年一〇月二一日の幹部会の議論でモロトフは軍事介入の急先鋒であった。だが一〇月末、制御できないほどの民族蜂起に発展した。一〇万人のデモの報を聞いた一〇月二三日、幹部会は帰国したジューコフ、ミコヤンをふくめ討議した。フルシチョフをはじめブルガーニン、モロトフ、カガノビッチらが武装介入を支持し、ミコヤンだけが反対であった(76:356)。

この時友党中国共産党が動き出した。ポーランド、ハンガリーの危機が頂点に達した一〇月、劉少奇《りゅうしょうき》らが毛沢東の指示のもと、ソ連政治局（幹部会）会議に出席し、東欧危機をめぐって議論に参加した。劉少奇がソ連党の会議に直接参加したのは一九四九年以来であった。一〇月二四日の会議での東欧動乱の討議に際し、劉は、①社会主義の中心はソ連であり、複数の中心はありえない、②ポーランドではゴムウカは行き過ぎている、といった指摘を行った。

同月三〇日に劉はハンガリーへの軍事介入を主張したが、ポーランドへの介入には反対であった。結局ソ連共産党は一〇月末の声明で、平等・独立・主権尊重をうたった。しかしソ連軍のハンガリー介入はさらなる民衆蜂起を呼び、状況は改革派のナジですら制御できなくなった。ハンガリーはワルシャワ条約からの脱退に至った。逆にカダルら「革命労農政府」はソ連に支援を求めた。一九五六年一一月四日、ジューコフ将軍のソ連軍の二度目の介入では、数千の武装抵抗が起きた。ソ連軍の死者だけで七二〇名にのぼった。この間、マレンコフ、スースロフが「ハンガリーを管理した」(76:563)。モロトフ外相はこの間、「ユーゴ化の道をあゆまぬように、カダルに圧力をかけよ」と言い続けた。

この危機でソ連指導部は党組織に反ソ分子への警戒を呼びかけた。一九五七年前半だけで数百人が逮捕された。問題は尾をひいた。一九五七年二月、モスクワに亡命していたラコシやゲレなど旧指導部の帰国を認めないことを決めた。これに対し同年三月ラコシは祖国復帰を求めてフルシチョフに請願した。彼ら「スターリンのハンガリーでの弟子」を名乗るラコシら旧スターリン派の旧執行部を復帰させようとモロトフは動いた。しかしこれは時代錯誤《アナクロニズム》でしかなかった。ラコシは、結局六月の党総会後にクラスノーダル地方に送られ、回想を残してゴーリキー(現ニジニ・ノブゴロド)市で一九七一年に客死した。

一九五七年党総会では、モロトフは、ハンガリーやユーゴで自己の意思を東欧の党に押しつけたと批判された。保守的なユージン中国大使ですらモロトフを教条主義者と呼んだ。ちなみにアルバニア共産党のホッジャはモスクワでモロトフに会った時、「ハンガリーのように混乱を起こすな」と語るのを聞いて、モロトフに、「本当にミコヤンが混乱を起こしたのか」と尋ねた。モロトフはそうだと答えて「もしミコヤンがもう一度言ったらつるし上げられる」と言った。モロトフからみればミコヤンは隠れた「反マルクス主義者、コスモポリタン」であり、「もし彼らが私を絞首刑でつるすならカダルだってそうなる」と答えたと、一九七九年に出たホッジャによる回想『スターリンとともに』は語る。

モロトフ「最後の闘争」

一九五七年夏までに、フルシチョフら改革派と保守派との亀裂と対立は限界に達していた。きっかけは同一九五七年二月にフルシチョフが出した「工業建設管理組織の今後の完成について」というテーゼをめぐってであった。フルシチョフによる地域的分権化は、スターリン型指令経済の中心である中央省庁の特権を奪うものであったことから、保守派による批判が増した。反対の急先鋒は国家統制相に格下げになっていたモロトフであった。三月地方分権を進めるフルシチョフ・テーゼに反対の覚え書きを中央委員会宛に送付したのである(111:1:580)。フルシチョフはモロトフ案が地方機関、共和国政府などへの不信を反映していると述べた。マレンコフだけでなく、首相ブルガーニンまでもがモロトフら保守派の側に立った。もっとも内部の結束はなかった。

一九五七年六月一八日、党幹部会が開かれ、一一名中八名が出席した。マレンコフはフルシチョフ第一書記の解任を提案、盟友だったブルガーニンも彼の誤りを指摘した。カガノビッチはもはや第一書記職は不要だと論じた。なかでもモロトフは、フルシチョフの「アメリカに追いつき追い越せ」というのは、社会主義の重工業優先政策に反すると言った。たまたま多数派となった幹部会の保守派はフルシチョフを第一書記から解任することを決めた。四日間続いた会議でフルシチョフを擁護したのはミコヤン、ジューコフら四名であった。書記のブレジネフは病気を装《よそお》った。

だが国防相ジューコフは、一九九八年に全面公開されることになる速記録で、「軍はこの決定に反対だ、私の司令なしに戦車は一歩も動かない」と抵抗した(48)。フルシチョフ支持派は形式的には上位決定機関である党中央委員会総会を要求した。一九五七年六月二二日からの総会には軍用飛行機で集まった地方党書記などが参加した。

フルシチョフ支持のスースロフは、総会で穀物生産が四割増産となるなど農業政策でいかに成果を上げたかを強調した。なかでもジューコフは一九三七～三八年のスターリン、モロトフ、カガノビッチの指示によって三万八六七九名の党員が銃殺となったと細かく指摘した。銃殺指示にモロトフ、カガノビッチの個人の名があったとも付加された。

この闘争の仕掛け人はカガノビッチ、マレンコフ、なかでもモロトフであった。モロトフによればフルシチョフはトロツキストにして右派であり、イデオロギー的に共有できない存在だと攻撃した。確かに若いフルシチョフは、トロツキーが党主流を批判した一九二三年当初には彼らを支持したことがあるものの、その後は一貫したスターリン主流派であった。モロトフは、フルシチョフ個人の資質を問い、第一書記という職制を廃止すべきだと主張した。真の集団指導が必要であり「一人で、農業も、工業も、建設も、財政も、外交政策も」できはしないと訴えた。モロトフは、レーニンの遺言まで引き合いに出して「書記長としてはあまりに粗野な」フルシチョフに、「より寛容で、より忠実で」あるべきことを主張する。だが党中央で五五年も働いたモロトフには分派の汚名を着てまで「反党陰謀」を企てるのは無理だった。

興味深いことにフルシチョフ批判は保守派にとどまらなかった。二七年間もフルシチョフと近かったブルガーニンは、国際問題や農業問題ではフルシチョフに近いと弁解しつつ、反対派に加わった。フルシチョフは粗野だと、ブルガーニンは批判した。逆にフルシチョフはブルガーニンが、インド訪問中にレーニンをガンジーと同列に扱ったことを批判した(111:1:592)。サブーロフやシェピロフ外相も、集団指導がないとフルシチョフを批判した。

外交もまた論戦の中心であって、モロトフは「我々の最終的勝利」をかたり、帝国主義者との平和共存はないと述べた。だが「戦争の予防」というフルシチョフ派の主張にもリップ・サービスせざるをえなかった。モロトフがレーニンを引き合いに出した時、聴衆が、それから何年たっているのだ、と言い返した。モロトフのアナクロニズムだった。ミコヤンは、モロトフが原因でグロムイコはダレスと一〇〇〇年も合意できないでいると皮肉った。モロトフは最後の発言で、フルシチョフの五ヵ年計画でアメリカに食糧生産で追いつくという計画は間違っていると指摘した。

総会は終了した。書記局がフルシチョフ支持で固まっていたことが、フルシチョフに幸いした。分派の自由がない以上、主導権争いがあっても書記局を押さえた側が勝ちというのがソ連政治の鉄則であった。総会の決議に反対派もまた賛成したが、一人モロトフは棄権した。総会は多くの論点を秘匿し、結果だけを公表した(48:35)。

モロトフは、カガノビッチ、マレンコフ、それに改革派だったが反フルシチョフ派となったシェピロフなどの「反党派」とともに、幹部会を解任された。この反党グループ事件以後、「古儀式派」系ロシア人幹部が解任されたとみるのは現代の歴史家ピジコフである。確かに、ユダヤ系のカガノビッチを除けば、首相ブルガーニン、国防相ボロシーロフ、財相ズベーレフ、労組のシュベルニクなども解任される運命となった。ソビエト国家元首のボロシーロフだけが、かろうじてしばらくの間とどまった。代わって、フルシチョフ系のウクライナ人脈が軍産部門のブレジネフを中心として一斉に台頭した（112:340）。スターリン時代からの政治局員は、フルシチョフ、ミコヤンをのぞいて退場した。なかでもその代表格のモロトフはモンゴル大使となった。一年半後までに、多くの反対派は書簡で誤りを認めたものの、モロトフは自己の見解も変えず、活動も自己批判しなかった。

もっとも後日談では済まない問題が起きた。フルシチョフは軍を利用しながら、これを党の統制下におきたがった。党内の共産党の役割をめぐって対立が起きていた。幹部会員であったジューコフは一九五七年一〇月の党中央委員会総会で突然、党幹部会員、国防相から解任された。ミコヤンは語った、「あけすけに言えば我々は彼が怖い」（20）。党指導部は軍人の政治的台頭を嫌ったが、アイゼンハワー大統領とジューコフとの関係も作用した。フルシチョフ専制の完成だった。

第八章　「停滞の時代」のなかのペンシオネール（年金生活者）

モロトフは一九五七年からモンゴル大使となるが、フルシチョフの第二次スターリン批判で党を除名される。しかしフルシチョフ政治も逆行現象が目立ちはじめる。一九六四年一〇月、自派の人間によって解任される。かわってブレジネフの一八年にわたる、安定し停滞した時代が続く。一九七九年のアフガニスタン介入をきっかけにソ連体制の構造的問題が浮かび上がるが、アンドロポフ、チェルネンコの中間政権は、ほとんどが時間切れで、わずかにモロトフの復党を行うのみであった。

左　遷

一九五七年、モロトフなど「反党」分子やジューコフを追放することによって、フルシチョフ権力は頂点に至った。一九五八年四月には首相を兼務した。一九五三年からの権力闘争に終止符がうたれ、全権力がこの人物に集中した。

それに先だって一九五七年三月、フルシチョフはソ連型指令経済の改革に着手した。国家計画委員会と経済省のかわりに、分権化された地方国民経済会議が作られた。これは地域経済の活性化をはかるものであって、中央官僚の反フルシチョフ感情を高めたが、地方党官僚の利害には合っていた。しかもこれは純粋な経済的問題ではなかった。分権化は、中国の大躍進政策同様、ソ連が核攻撃に生き残るための手段でもあった。実際ウラル、ノボシビルスク、ウクライナに核関連の工場がつくられた。一九五九年の第二一回党大会ではフルシチョフの思いつきで「七ヵ年計画」が採択された。軍需産業が重視された。だが経済はから回りをしはじめた。

この間、社会主義陣営の盟主としてのフルシチョフは、中華人民共和国の毛沢東からの挑戦をうけた。スターリン批判に否定的な中国指導部は、以降独自路線を進みはじめたが、とくに核開発の技術供与をめぐって対立は深まった。一九五八年六月、周恩来は核搭載潜水艦技術の提供を要求したが、ソ連が翌月「共同」艦隊建設としか答えなかったことに、毛沢東は怒った。中国側はソ連の弟でも植民地でもないと主張、両国関係は悪化の一途をたどった。

一九五八年七～八月と五九年九～一〇月、首脳会議が北京で行われたものの、不調に終わった。フルシチョフは一九五九年訪問など対米関係改善には熱心だが、台湾解放を同盟国ソ連が擁護していないという不満と重なった。しかも国内での大躍進の失敗などもあったが、毛沢東のソ連に対する不満がいよいよたかまり、アルバニア問題などをめぐり一九六〇年代は中ソ論争に発展した。

この間モロトフは、一九五七年の党総会で党幹部会員を解任され、かわってモンゴル大使に任命された。一九二〇年代に社会主義を採用したモンゴルは、モスクワからみてけっして辺境ではなかった。一九四五年のヤルタ協定で、スターリン、モロトフが外モンゴルの現状維持をのぞんだことはよく知られている。だがまさに中国の新指導者毛沢東は、一九四九年の解放前に中華人民共和国に併合しようという意図を隠さなかった。逆にスターリンはモンゴルの独立を支持していた。一九五六年にも、周恩来らはミコヤンらソ連指導部にモンゴルの「中国への復帰」を要請した。ミコヤンらはこれを峻拒《しゅんきょ》した。モロトフがこれを支持したのは言うまでもない。

モロトフが大使となって赴任した当時、モンゴルはロシア人を妻にもつ指導者ツェデンバルの支配下にあった。モロトフはほとんどの農村を訪れ、ユルタに泊まった。そこでは「スターリン、ボロシーロフ、自分、カリーニンの写真があった」という。ここで健康を回復したとも回想する（4:115）。モロトフは人事問題につきあたった。一九五二年にチョイバルサンが亡くなり、かわりの指導者候補として、ダンバとツェデンバルとがあがった。粗暴なチョイバルサンは、しかしソ連派でもあった。モロトフは彼らと実際に会ってツェデンバルのほうを推薦したと回想に言う。夫人のフィラトワは、リャザン出身のロシア人で、モロトフ夫人とは性格的に合った。

もう一つの問題となったのは、一九五〇年代末のモンゴルの集団化である。これについてモンゴル大使となったモロトフはソ連的モデルの正当性を強調し、ソ連の経験を輸入することになった。しかしこれは農民の間に不満を呼んだ。三〇年前のソ連同様、農民たちは家畜を扼殺《やくさつ》することで対応した。

第二次スターリン批判

だが中ソ対立が密かなる深刻さを増すにつれ、フルシチョフは、モロトフを中国に近いモンゴル大使におくことに不安を持った。こうしてモロトフは一九六〇年、ウィーンの国際原子力機関（ＩＡＥＡ）のソ連代表として、ていよく左遷された。

その間、中央ではフルシチョフが党新綱領の策定をしていた。モロトフは、資本主義の包囲下で、ロシア一国で共産主義に移行するという考えは、スターリンの一国社会主義と同じ誤りだと党中央に書簡を書いた。これはフルシチョフを怒らせた。一九六一年一〇月、第二二回党大会は同様のスターリン批判で新機軸を出し、党は新しい綱領を採択した。ここでは「プロレタリア独裁」という旧来の考えをあらため、「全人民の国家」という理念が採用されることとなった。これはフルシチョフの新しい考えであったが、背後にはフィンランド系のクーシネン幹部会員ら改革派人脈がスターリン批判を強めようとしていた。

この大会で、フルシチョフは再度スターリン批判に立ち戻った。フルシチョフは最晩年のレーニンの手紙を引用しながら、いかにスターリンの否定面を批判したかを語った。そしてこのレーニンの路線を引く第二〇回党大会の正しい路線に「モロトフ、カガノビッチ、マレンコフ、ブルガーニン、ペルブーヒン、サブーロフ、そしてこれに雷同したシェピロフ」の分派がいかに反党活動を行ったか、をたたいた。モロトフらはとくに一九三〇年代の大量抑圧に責任があると、フルシチョフは語った。

討論では、ポドゴルヌイ、ブレジネフなど若手幹部が次々と、個人崇拝や大量抑圧に責任があるモロトフらの批判に加わった。ミコヤンは硬直したモロトフらの思考の頑迷さと保守性とを批判した。モロトフによればまだ社会主義の基礎しかできていない東欧は社会主義への第一歩しか踏み出していないと批判された。第二〇回党大会で彼らが反論しなかったのは党の正しさを認めたと思ったが違っていた、とミコヤンは面従腹背《めんじゅうふくはい》ぶりを批判した。

しかしフルシチョフが、事実上左遷させられた「モロトフとその同類の頑迷派」は、変化しつつある世界情勢、新しい現象と現実を理解していない「のぞみのない教条主義者」であると言った時、そこに中国共産党の反帝国主義が念頭にあることは明らかであった(39:315)。もっとも来賓の中国共産党の周恩来をはじめ、朝鮮民主主義人民共和国の金日成、そしてフランス共産党のM・トレーズらは沈黙した。イタリア共産党のトリアッチは、第二〇回党大会での個人崇拝批判を支持した。ハンガリーの第一書記カダルは、一九五七年のマレンコフ－モロトフ集団の有害な路線を破砕したことについて歓迎すると強調した。しかし、この大会は党の権力闘争にスターリン問題を利用したにすぎなかった。農民抑圧や収容所などは最後まで明らかにされなかった。

「対面したアメリカ」

フルシチョフの支配は、ソ連の軍事、科学技術面での飛躍的前進の時期と重なった。スターリン末期の核開発の成功に続いて、ソ連はミサイル開発に着手、一九四六年には政府にロケット技術管理部ができた。一九五四年には党中央と政府決定で大陸間弾道弾（ＩＣＢＭ）の開発に着手し、三年後には成功させた。ロケット技師コロリョフはＲ―７型を作り上げた。一九五九年末までに、ソ連は対米攻撃能力を獲得した。一九五五年に政府にできた特別委員会の軍需産業委員会は、五七年にはウスチノフが中心となって軍事産業委員会として改組された。一九五六年に軍需産業は七八一の基幹工場と二八五万人を擁した。

フルシチョフ時代はガガーリンの宇宙飛行といったソ連の科学技術の黄金時代が続いたかに見えた。だが、ロケット建設部門は「国家のなかの国家」となり、その建設には国防相をして「ズボンもなくなる」と言わしめるほどの出費となった。もっとも一九五〇年代後半の平和共存政策もあって、これらでの民需生産の割合もまた四割から六割へと増加した。

他方で、平和共存のなか、ソ連のトップがはじめてアメリカを一九五九年九月に訪問し、キャンプ・デービッドでアイゼンハワーと会談したことは、「米帝国主義との闘争」より平和共存を重視するものであった。アメリカからトウモロコシなどの新しい作物が紹介された。フルシチョフのソ連は少しだが対外開放を行った。文化面でも一九五六年のピカソ展や翌五七年の世界青年祭など、徐々に開放した。哲学雑誌では、党の芸術での指導を否定する論文まで現れた。ソルジェニツィンの収容所に関する小説『イワン・デニソビッチの一日』はタブーに挑戦する内容だったが、フルシチョフがこれを雑誌『新世界』に掲載する許可を出した。

このことはソ連が対米協調をはかりながら同時に抑止力を持つことと並行していた。一九五九年、ある戦略家はフルシチョフに、中距離核兵器をおくことのできる人工島をアメリカ海域に作る提案を行ったが（52:3:229）、同年のキューバ革命がこの可能性をソ連に与えることになった。とくに一九六二年一〇月フルシチョフは、実体面での核戦略の対米劣位を補うためキューバに中距離ミサイルを運び込もうとしてケネディ政権に阻止された。人類は核戦争の可能性におびえた。フルシチョフは積極的だったが、補佐官たちは消極的であった。軍もフルシチョフのやり方に不満を持った。

国内の逆流

フルシチョフ改革は一貫していなかった。一九六二年には一転して、パステルナークのノーベル賞受賞、抽象画展覧会への抑圧も行った。「文化面では私はスターリニストだ」と彼は言った。

なかでも彼を権力に押し上げた農業改革が、結局彼を失脚させる一因となった。一九五〇～五八年で、約四分の一ものコルホーズ農民が国内旅券制度など多くの制約にもかかわらず棄農した。農業労働は人力や畜力に頼っており、遅れていた。工場養成学校の六～七割以上は農村出身の多くの若者であった。フルシチョフ期の工業化、都市化により、スターリン時代の極端な制限は緩和されたが、逆に都市が農村文化に浸透されるという結果ももたらした。

モロトフが秘密書簡で批判したフルシチョフの「主観主義」と「冒険主義」もこの農業の

遅れと関係した（106:12:2:4）。とくにロシア連邦やウクライナでの遅れが目立った。農民からの不満も高まった。後に日本大使になるポリャンスキー政治局員のように一九六〇年代から旅券制度廃止を訴えだした者もいる。教会を開けという要求は各地でなされた。逆に農業政策の行き詰まりもあって、フルシチョフによる、反宗教活動が強まった。この面でフルシチョフはスターリンよりも非寛容であった。

一九六〇年四月、政府の宗教問題の新責任者は、スターリン時代の誤りを正し、反動イデオロギーと闘うと宣言した。後に書記長になるチェルネンコも、教会は国家を欺《あざむ》いていると批判した。一九五八年から六一年にかけて、修道院や教会の閉鎖が続き、三七九〇から二五八一に減った。一九六一年には、総主教アレクシー二世は信教の自由の拡大を呼びかけた。このころから教会のなかでも異論派が生じる。しかし翌一九六二年には党中央は反宗教活動を強化するよう、地方組織に呼びかけた。一九六一～六四年に、約一二〇〇名が宗教的理由で逮捕された。

民衆の支持を期待したフルシチョフだが、一九六二年六月初めには民衆騒擾《そうじょう》事件が生じた。政府は食肉の価格を上げた。これをめぐる抗議活動が南部ノボチェルカッスクの電気機関車工場で起き、抗議集会は軍による大衆への発砲事件へと発展した。二三名が亡くなった。この時派遣された党中央の幹部が極端なことに発砲を決めたとミコヤンは回想する（47:610）。

この事件について一九九〇年代に出た歴史家コズロフの「ソ連の大衆的無秩序」による

と、体制側は「フーリガン」「反ソ分子」による扇動があったと見た（34）。KGB議長はフルシチョフに、この地域以外でも「反ソ的文書がまかれ」、なかには「共産党が値上げした、キリスト像の周りに集まれ」、といったものもあったと報告した。だがこの措置については軍内部でも「個人崇拝が残っている」と批判の声があったし、強圧策に抗議した将軍もいた。一九六二年八月には裁判が開かれ二五名が「匪賊《ひぞく》行為」で裁かれた。ブレジネフ期になって再審請求があったが、結局無視された。

ちなみに一九八七年、ゴルバチョフ書記長に報告された「大衆騒擾」に関する記録では、一九五七年から八六年末までに、このような騒擾事件は二四回起き、一一件で当局による発砲事件があって四六名が亡くなった。そのうち半数はフルシチョフ期である（『史料』一九九五年六号）。ちなみに一九五七年から八五年にかけ、八一二四名が反ソ活動家として判決を受けた。抑圧はなくならなかったが、スターリン時代と比較すれば変化は顕著であった。

なかでも第二二回党大会でフルシチョフは、党幹部の選挙制導入と人事交代を進めた。一九六二年には党機関を農業と工業とに分割する試みが出された。地区では半分が改選され、中央では四分の一が選挙ごとに更新されることとされた。党の権限を大きく変え、党権力を分割するという発想であった。だがこれはノメンクラトゥーラの安定を損ね、フルシチョフの命取りになる。

このころ党を除名されたモロトフは高級官僚用アパートから追放され、市内の普通のアパートに暮らしていた。だが、このフルシチョフに対する逆風、とくに中国との対立の激化はスターリン見直しへの潮流を促しているかに思われた。モロトフはレーニン図書館の第一閲覧室に赴《おもむ》いては長文の共産党中央委員会宛書簡を執筆しはじめた。主眼は内外政策、とくにフルシチョフの「個人崇拝」批判であった。この書簡は党内では限定出版された由であるが、一九九五年に旧政治局文書館、つまりいまの大統領文書館からロシア国営社会政治史史料館のモロトフ文書に移され、二〇一一年から翌年まで『歴史の諸問題』誌に掲載された。「沈黙することはできない」、モロトフは、この書簡が多年の労働の結果であり、困難な熟考と疑念の総括であると書きはじめている(106:1:3)。レーニンの思想を忘却することは許されない。資本主義との改革的態度、帝国主義国との平和共存の問題である、なかでも個人崇拝は、一九五六年の第二〇回党大会で批判されたが、個人崇拝問題をスターリンその人に結びつけては議論されていない、というのがモロトフの批判の論点である(68)。

ちなみに一九五七年一一月にモスクワの共産党・労働者党代表者国際会議に招かれ、スターリン批判を「スターリンの過誤は副次的」といっては修正主義批判を繰り返す毛沢東など、中ソ間の亀裂の拡大も保守派のモロトフを鼓舞したであろう(116)。ちなみに毛沢東自身、一〇月末、モスクワ再訪を前にローシチン大使に対し、モロトフは、スターリンと同類だし、とくに彼に親近感があるわけではないと言いながら、他方で、中国国民の間ではモロトフは長い間ソ連共産党の指導者として意識されている、とも語った(116:593)。

フルシチョフらによる新共産党綱領を批判したこの書簡の基調は、レーニンの教義をフルシチョフ流の修正主義から守ること、共産党は労働者階級の党であって、全人民のそれではないこと、そして「全人民国家」ではなく「プロレタリア独裁」を擁護せよ、という内容であって、それ自体は新鮮味に欠けた。

なかでも平和共存は、レーニンの帝国主義論、世界大戦の不可避性を無視しているという議論はアナクロニズムでしかなかった（106:1:6）。モロトフは、ソ連側の核戦争認識を批判して毛沢東が一九五七年に「世界の人口の半分がなくなっても残りの半分から社会主義をめざすことができるし、この時帝国主義は全世界で一掃される」と議論したことを擁護した（106:10:67）。戦争の恐ろしさの前に自己の思想を押し殺すことはできない、とも言った。マルクス主義は平和主義ではないのだ（69）。とくにイタリアのトリアッチなどが、ヨーロッパの共産党で人気がある、議会の多数派をつうじた平和革命という、新綱領に採用された考えにもモロトフは批判的であった（79:11:73）。

モロトフによるフルシチョフ批判の一部は党内でも受け入れられた。こうしてフルシチョフは一九六四年一〇月一四日、中央委員会総会決議で突如第一書記を解任された。第一書記にはL・ブレジネフ、首相にA・コスイギンを選出した。党大会の前から中国の毛沢東らはフルシチョフを解任すべきことを訴えていた。フルシチョフが失脚した時、リベラル派の『新世界』のトワルドフスキー編集長は、「彼は抵抗も圧力も経験していたのに、公開制、民主化、大衆との開かれた討論で対抗することもなかった」と書いた。これこそ一九六〇年代人にとって痛恨の教訓であった。

「発達した社会主義」のなかの反党分子

けれどもフルシチョフの失脚はスターリン派の復権を意味しなかった。陰謀というよりも、ブレジネフ、コスイギン、スースロフといった党幹部の合意でなされた。フルシチョフが気まぐれだったため、「自派の人々」による追放劇が生じたと、彼に引導を渡したミコヤン最高会議幹部会議長は回想した。

新しい指導者ブレジネフは、一九〇六年ウクライナ生まれのロシア人であり、スターリン工業化の下《もと》で冶金《やきん》部門での速成テクノクラートから、粛清、戦争の影響でスターリン時代末期に党官僚となった。カザフスタンで処女地開発にあたり、一九五六年からは軍事担当書記として、人工衛星や戦略ロケット開発など軍需産業の監督を経験した。外車の収集が趣味であった一方で、補佐官の回想ではマルクスやレーニンを読もうとはしなかった。

ブレジネフは軍との関係が深かった。核兵器など軍産部門の制度化が進んだ。一九六〇年代初めから工業投資の半分は軍産部門に向けられ、九庁体制《デビャトカ》という軍産部門の官庁統合が進んだ。通常兵器の開発も拡大し、第二撃能力を重視するため、海軍の軍拡も重視された。要職には、一九六六年から八二年まで党書記となるキリレンコ、八〇年から首相となるチーホノフなど、ブレジネフに連なるウクライナ系の速成テクノクラートがついた。コスイギン首相自身はウクライナではなくレニングラード系で一九〇四年生まれ、繊維専門学校出のテクノクラートであったが、大戦中には人民委員会議副議長として工場の疎開を指揮、より改革的と見られていた。もっとも次第にブレジネフとの立場の違いが顕在化することになる。

フルシチョフ失脚からブレジネフ時代への移行では、モロトフからみてもスターリン主義者というイデオローグのスースロフ書記が一定の役割を果たした。ちなみに彼は古儀式派系といわれるが、硬直的態度が目立った。フルシチョフ改革への反動から、若手「ネオ・スターリン主義」も台頭した。文学者のダニエル、シニャフスキーが政治裁判にかけられるなど、スターリン復権をはかる動きが、ウクライナ共産党第一書記シェレスト、KGB議長シェレーピンから出た。歴史家ネクリッチの『一九四一年六月二二日』が攻撃され、集団化に関する改革派歴史家ダニロフの著作は差し止められた。

もっともスターリンの復権には、元外交官マイスキー、物理学者カピッツァら知識人、犠牲者の家族から復権反対の書簡が出た他、東欧の党からも反対があった。スターリン復権に対抗して異論派が生じていた。サハロフ博士は一九六八年に『進歩、平和共存と知的自由』を海外で発表し、スラブ派的な作家ソルジェニツィンらも次第に体制批判を強めた。党内改革派は、スターリン批判の論文を書いたメドベージェフ兄弟を中心に、サミズダート（地下出版）の『政治日誌』を一九六四年から七〇年まで刊行した。

人権運動も生じた。一九六八年のギンズブルグ裁判以降、異論派の情報誌『時事通信』が四月に密かに刊行された。一九六八年八月のチェコへの軍事介入に際しては、五名の異論派が、ソ連史上はじめて赤の広場で抗議行動をした。サハロフらは「人権委員会」を作り民主化を訴えた。

年金生活者の批判

こうしたなか一九六九年のスターリン生誕八〇周年の政治局討論では、シェレーピンらが復権に意欲的だったが、ポドゴルヌイらが反スターリン派で結局妥協となった。スターリンの復権は、引退したモロトフの期待とは異なり変化はなかった。「発達した社会主義」というブレジネフ体制のスローガンは、一九八〇年代には共産主義が到来すると約束したフルシチョフと比較しても無味乾燥で、儀式化した。党大会も、五年に一度、つまり五ヵ年計画が始まる時期にあわせて開催された。党中央委員会総会の議論は、結果のみが知らされるようになった。

この間モロトフは一九六六年七月から八六年六月末までの二〇年を、モスクワ郊外のジューコフカの別荘で過ごした。七〇歳代後半の老人にとっては、労働者なみの月一二〇ルーブリの年金だけが頼りであった。こうしたなか一九七〇年、妻のジェムチュジナが亡くなった。彼女は忠実なボリシェビキであったというのが夫の評価であった。ある時、夕食で誰かがスターリンをけなした時、彼女は怒って「あなたはスターリンもその時代もわかっていない、彼がどれほどの重荷を背負っていたかを」と言ったという。一九四〇年代末の三年間スターリンによってカザフに追放されたのにもかかわらず。ちなみにモロトフは彼女を助けられなかったことを人生での最大の悔いと考え、家族にもそのことを語ることはなかった。

一九六五年からはコスイギンのもとで、経済改革が始まり、企業への自主性の付与、賃金、ボーナス等で自由化をすすめた改革案が検討され、ソ連型経済の改革が論議となった。

一九六五年九月、党中央委員会総会で、企業による成功指標を利潤と関連させることを提唱した経済学者リーベルマンなどを動員して、経済改革の構想を提起した。これは、企業に独立採算制を強め、利潤を取り入れるものであった。

年金生活者モロトフは出版の見込みのない著作『新しい課題を前に』を書いて、経済改革は資本主義への回帰に他ならないとコスイギン改革を、「我々の社会ではネップ（ＮＥＰ）は過去の歴史だ」として批判していた。もっともこのモロトフの考えは、当時のソ連の主流派の考えでもあった。いずれにしても一九六五年からの経済改革の論争に終止符をうったのは、六八年八月のチェコ事件だった。東欧での改革派は敗北し、改革という言葉すらタブーとなった。

一八年にわたるブレジネフ体制は、退屈な、だが安定した時代だった。はじめて飢餓も、騒擾事件も、粛清もなくなった。この時期、死者が出るような大衆騒擾事件は三件のみ、いずれも民族地域の民警に対する不満からで、カザフで七人の死者が出たのが最大である。ブレジネフ時代は事実上の脱イデオロギーの時代でもあった。

問題は東欧であった

外交面では、西側との平和共存政策は基本的に維持されたが、安定と安全を重視したデタント（緊張緩和）へ移行するため、ブレジネフらは軍事的な基盤強化が必要であると考えていた。官僚的安定政策は、より慎重な対外行動を要請した。とくに対米関係では、一九六二年のキューバでの敗北以降、核ミサイルや海軍力強化など軍事力を強化する方針がとられた。ベトナム戦争の拡大は対米関係改善には良い環境ではなかった。政治局のタカ派は反帝国主義闘争を主張した。コスイギン首相はハノイを訪問し、北ベトナム支援を約束した。

他方、中ソの対立は激化し、社会主義陣営の主導権争いが生じていた。もっとも反中国的であったフルシチョフが失脚した直後は、周恩来首相も訪ソするなど、しばらくはブレジネフの対中政策を見守っていた。対中関係をめぐって、コスイギン首相らは、反中国の姿勢をやわらげようとして、対中強硬派のアンドロポフらと対立した。ソ連の知識人は文化大革命での毛沢東への批判をスターリン批判と重ねて強めた。しかも、一九六九年三月には極東のウスリー川の中洲（ダマンスキー島、珍宝島）での、社会主義国同士の初めての武力衝突にまで発展した。コスイギンは周恩来首相との会談を行ったが、次第に彼の外交上の役割は消えた。また一九六七年六月の第三次中東戦争では、同盟関係にあったエジプト、シリアなどと、イスラエルとが対立し、ソ連はイスラエルと断交、アラブ寄りの姿勢を示した。

問題は東欧であった。チェコスロバキアでは、一九六八年初めに改革派のドプチェクが第一書記に選出されると「人間の顔をした社会主義」を目指し、検閲廃止などの民主化と独自外交政策を志向した。体制内改革を提起した共産党行動綱領が出され、また知識人は急進的な「二千語宣言」を採択した。

けれども党の主導権が失われることにソ連首脳は危機感を募《つの》らせた。一九六八年三月と七月にソ連の主導で東欧首脳との会議が開かれ、チェコ指導部に警告が与えられた。もっともブレジネフらはとるべき対応をめぐって割れた。コスイギン、スースロフは介入には慎重だったが、タカ派は介入を求めた。結局一九六八年八月二一日にワルシャワ条約機構軍が介入、ドプチェク指導部はソ連に連行され、屈辱的な「モスクワ議定書」を締結した。東欧でのソ連の介入を正当化する制限主権論、いわゆるブレジネフ・ドクトリンが展開された。一九六九年四月には保守的なフサークが第一書記となった。年金生活者モロトフがこの試みを支持したのは当然であった。

ポーランドでも一九七〇年末、自生的労働運動の結果ゴムウカ政権は倒れ、新しく生まれたギエレクは経済協力をIMFに要請した。ルーマニアでも、チャウシェスクは独自の外交路線を追求したが、同時に国内の政治経済体制はきわめて権威主義的であった。

ソ連が中心の国際共産主義運動では決定的分裂が生じた。中国指導部は、「修正主義、社会帝国主義」を体現するソ連との対決を主張した。西欧共産党ではチェコ事件以降ユーロ・コミュニズムの潮流が台頭、社会民主主義との協調をすすめた。この間共産党国際部の若手には、社会民主主義との協調を促《うなが》す動きがあった。のちにゴルバチョフの補佐官となるチェルニャエフは、「二重思考があった」と回想している。しかしこれは改革には結びつかなかった。

デタント（緊張緩和）のもたらしたもの

対ヨーロッパ政策は、一九六九年に首相となった西ドイツのブラントの東方政策などもあり進展した。ドイツに対する警戒は、次第に薄れた。一九七〇年には両国で武力不行使条約が締結され、これは一九七五年に欧米の三五ヵ国が参加したヘルシンキ宣言に結実された。老モロトフは、これでアメリカが事実上バルト併合を容認したことだと喜んだ。

なかでも米ソ関係は、一九六八年の核拡散防止条約（NPT）などをきっかけに接触が開始され、七〇年からは戦略兵器制限交渉（SALT）が正式に始まった。このような政策を成立させたのは、ソ連の核戦力の大幅増強と対米対等の確保であり、キューバ危機以来の劣位を挽回できたと指導部は考えた。アメリカはベトナムでの敗北もあり、また軍事的要請もあって、米ソ間の戦略兵器制限交渉条約体制が可能となった。一九七二年には第一次戦略兵器制限交渉が合意され、翌七三年には核戦争回避の合意ができた。共和党のニクソン大統領、キッシンジャーらは、対ソ関係改善に乗り出した。

デタント（緊張緩和）はブレジネフの権力を強めた。一九七三年には対抗者シェレストらは政治局から解任された。かわって外相グロムイコ、赤軍のグレチコ、KGBのアンドロポフといった有力官僚が政治局に加わった。有力機関を代表する政治局員は、ブレジネフの健康の衰えとともに政治的重みを増した。

ちなみに年金生活者モロトフはグロムイコを高く評価しており、回想でも「グロムイコは若く未熟だったが、正直だ」と書いた。双方には古儀式派的な頑固さが共通していた。他方、一九一四年生まれのアンドロポフは、五六年ハンガリー革命時の大使でモロトフ外相とも会っていた。一九六七年に国家保安委員会（KGB）議長となった。政治局は政策決定機関として安全保障の役割が大きくなった。政策決定には、国防省、外務省、KGB、党国際部、政府軍事産業委員会といった五者委員会で決まる例が増えた。ブレジネフ期は指導者よりも官庁利害のほうが重要となったのだ。

デタントはこの核戦略による安定の他、穀物輸入、科学技術の導入をソ連にもたらした。一九七五年のヘルシンキ・ヨーロッパ安全保障協力会議ではヨーロッパにおける現状維持が図られた。同時に、ベトナム戦争やオイル・ショック後の混乱のなか、旧ポルトガル植民地などアフリカ諸国でのソ連の影響力の拡大を志向する考えもあった。この観点からはデタントとは、特定の問題での米ソの協定にすぎないと考えられた。一九七〇年代半ば、第三世界にも社会主義的選択が可能であるという考えから、ソ連は、キューバ兵をも駆使して、現地の急進派と提携、モザンビーク、ギニアビサウなどに進出した。とくに一九七五年秋にソ連が支援したアンゴラでは、米中の支援する勢力との間で内戦が生じた。

安定から停滞へ

ブレジネフ体制は一九七〇年代前半まではそれでも動態的であったが、ブレジネフの病気以降、その体制は退行的側面が目立った。デタントのもとでの資源外交で、ソ連は資源の輸出国へと転落していった。経済成長率は高度成長からブレジネフの保守的時代になり急速に鈍化した。一九六一～六五年の総生産高の成長率は、公式数字では、六・五パーセントであったが、改革期の六六～七〇年で七・四パーセントと上がった。しかしその後一九七一～七五年は六・三パーセント、そして七六〜八〇年は四・二パーセント、八一〜八五年は三・五パーセントと公式発表された。しかも一九七〇年代末期には実質的にはゼロ成長であった。デタントそのものが、制度改革という点では問題を残した。高度技術や製品の輸入が可能となり、制度改革をすすめる圧力は減じた。農業面でも、一九七五年の凶作のなかアメリカ、カナダから大量の小麦を輸入することが可能となった。ブレジネフ時代の農工コンプレックスを中心とした大規模な集権的農業管理も問題の解決とはならなかった。コスイギン改革が棚上げされて以降、生産合同のような指令型経済を行政的に再編成する試みが行われたが、しかし経済運営は保守的であり、改革論は出てこなかった。市場改革に関する議論は沈黙を強いられた。一九七九年七月には経済の改善をめざした法令が出されたが、結局指令型経済の手直しにすぎなかった。

そのブレジネフ長期政権が可能となったのは、ある種の社会契約が成立したからである。国家は民衆に一定の安全と安定とを保障した。一九六六年以降、消費財重視の姿勢が出された。一九六七年以降は週休二日制が定着し、週約四〇時間労働となった。大都市を中心に高層アパートがつくられ、テレビの普及もすすんだ。マイカー保持も一九六五年以降自由化され、イタリアのフィアット社と提携した自家用車や、国産のモスコビッチなどがあこがれの的となった。

私生活重視は、政治的権威主義の代償でもあった。デタントのもとで、海外からの放送に対する妨害は少なくなり、短波放送で聴くことは自由になった。海外のレコードやカセットがさかんにコピーされ、ジーンズや長髪も広まった。テレビも終日放映され、私的日常生活を享受する市民がモデルとなった。リュビーモフ監督ひきいるタガンカのような前衛劇場では風刺演劇が上演されたのも、改革派ブレーンが支持したからであった。風刺歌はカセットでコピーされ広がった。コーラも飲めるようになった。教会は一定程度復活し、復活祭などにはこれを訪れる人が増加した。モスクワでは一九七〇年代初め住民電話帳も作られたものの、すぐ禁止された。

一九七五年の大祖国戦争勝利三〇周年のように、愛国主義的キャンペーンで彩られ、安定と対外的な威信向上のイメージが喧伝《けんでん》された。一九七五年一月の米ソ貿易協定では、ユダヤ人出国問題で最恵国待遇は与えられなかったが、それでも宇宙船アポロ－ソユーズの米ソドッキングが繰り広げられた。海軍力増強とともに宇宙開発で、超大国としての威信を国民に示そうとした。

退行するブレジネフ権力

共産党は、大衆組織となり統治・管理機関となっていた。大会は五年に一度、また党中央委員会総会は、年二度しか開かれなくなった。ノメンクラトゥーラと呼ばれた、共産党機関により国家と経済とを管理する巨大な官僚エリートがいた。

ソ連の指導層間や知的な世界での分極化は進んだ。宗教やロシア民族主義に厳しかったフルシチョフへの反発から、ロシア民族主義は、知識人やコムソモール（共産主義青年同盟）

内でも一定の支持をえていた。ラスプーチンのような農村派作家たちは、農村の荒廃、環境問題の深刻化を訴えた。他方、プロハノフら愛国作家は国家主義を鼓吹《こすい》した。モロトフに取材した小説家イワン・スタドニュークの『戦争』は、大祖国戦争でのスターリンを賛美した。歴史・哲学などの改革派知識人は抑圧されていたが、科学アカデミーのなかでは学者が一定の範囲で問題を提起した。「文学新聞」などがこのような改革派の傾向を代弁していた。

西側との関係でも共産党による支配、書記長の権限を合法化する必要が生じてきた。ブレジネフは憲法改正を日程にのせた。党支配を国家の憲法により正当化する考えであった。これを先取りするかのようにブレジネフは、一九七七年五月、最高会議幹部会議長のポドゴルヌイにかわって、党と国家の最高の職を兼務した。一〇月には、全人民国家としてのソ連邦を規定した憲法を採択した。その第六条では共産党が、「社会を指導し、方向づける力、政治体制、国家、社会組織の中核である」として、指導的役割を規定した。しかし党支配を憲法で保障することは、逆に言えば党支配の正当性は国家の政策次第でもあることに、改革派政治学者は密かに注目していた。

だが書記長の個人崇拝的傾向が生じた。ブレジネフ権力の合理化と個人崇拝とには、文学界も動員された。しかし晩年はイモビリズム（保守・退嬰主義）の様相を呈し、第二六回党大会では、党史上はじめて政治局に新人が登用されなかった。病気がちのブレジネフのもとで政治局は、わずか四五分しか開かれないようになった。政治局会議にはポーランドなど個別問題に関する小委員会ができたが、その活動は統合されなかった。補佐官の回想では、ブレジネフ自身何度か辞任を申し出たが、老世代の政治局員たちはこれを許さなかった。

デタントに伴い人権運動が台頭したが、国内での締め付けも強化された。知識人たちは、海外で出版するタミズダートという形式で公表しはじめた。ＫＧＢは国内での選択的抑圧、海外に追放する措置を行い、一九七三年には文学者シニャフスキーや生物学者のジョレス・メドベージェフが追放された。一九七〇年にノーベル文学賞を得たソルジェニツィンも収容所という暗部を描いた『収容所群島』をパリで刊行したため、七四年二月に国外追放となった。

第三次亡命と呼ばれた追放劇では、詩人のガーリチ、マクシモフらが出国した。人権派は、デタントのもとで運動を組織し、一九七六年には、ヘルシンキ条約履行監視グループが生まれた。サハロフ博士は、一九七五年ノーベル賞を得て、自主労組運動もあった。しかし一九七六年末にブコフスキーは追放され、七八年にはオルロフ、シチャランスキーらも逮捕された。

危機寸前

ブレジネフ時代後半になると末期政権的な様相を呈しはじめた。党幹部支配の安定は、老齢支配、腐敗とネポティズムを生んだ。非公式経済が、しばしば党や政府の官僚の密かな支持のなかで広がった。ロシア時代の寡頭《かとう》資本家の一部はブレジネフ時代の闇経済の帝王たちである。

一九八〇年代初めまでに危機寸前の状況と呼ばれる事態を生み出していた。私生活化はあっても市民社会の整備はなされなかった。人口構成の問題は、離婚率の増大、出生率の低下、平均余命の低下などにみられた。人口一〇〇〇人あたりの死亡率は、一九六〇年の七・一から、八〇年には一〇・三と上がり続けた。離婚率は、一九五〇年から八九年までに八倍強となった。また人口学的には、バルト地域、ロシアで人口が停滞する一方、中央アジアのそれが拡大した。一九七九年にはバルト諸国ではマイナス成長となった。とくにロシア北部で人口が減少し、南部への移住者が増加した。

また環境問題が社会問題として浮上した。なかでもシベリアや極北地方では、浪費、軍需中心の性格、石油・ガスなどの乱開発などにより、環境問題は悪化した。一九六〇年代のバイカル湖をはじめ、アラル海など中央アジアでの灌漑問題が深刻化した。しかしこれを解決するシベリアの河川転流計画など、大規模計画、運河建設が環境をいっそう悪化させた。農村派作家やジャーナリストが環境問題の深刻化を訴えだした。

またデタントのもとで、ユダヤ人出国の枠が広がった。スターリン時代中央アジアに追放されたクリミア・タタール人は故地クリミアへの復帰運動を起こした。中央アジアでも自主性を求める動きが出てきて、カザフ人の詩人オルジャス・スレイメノフは一九七五年に大ロシア主義的な傾向を批判した。一九七〇年代後半には民族問題がさらに浮上した。

なかでもグルジアの知識人は、一九七八年グルジア語の憲法上の地位が規定されなかったことに抗議して街頭示威行動に出た。この結果、グルジア語が国語とはじめて規定された。

だがグルジア内のアブハジヤ自治共和国ではグルジア化に抗議する少数派のアブハジヤ人による運動が進展しはじめた。またカザフに追放されていたボルガ・ドイツ人は、自治共和国復興を求めた。リトアニアなどでも、一九八〇年のポーランドでの「連帯」運動に刺激され、カトリック系の異論派運動が進展しだした。

新冷戦

一九七九年六月、ブレジネフとカーター大統領とは第二次戦略兵器制限交渉（ＳＡＬＴⅡ）条約に調印した。ブレジネフはこの時デタントに対する批判勢力が内外にあることに警告を発したが、彼の予測は的中した。その年末に自ら始めたアフガニスタン侵攻と、これにたいするアメリカのＳＡＬＴⅡ条約への批准拒否とが、新冷戦と呼ばれる事態をもたらす。

デタントでも核抑止のもつ不安定性は変わらず、欧州での戦域核などの不均衡が生じた。またカーター政権は人権問題と戦略問題とを関連づけた。第三世界をめぐる米ソ間の確執が、デタントの維持とは両立しがたいものになっていた。ソ連は六九ヵ国に戦略的援助を与えていたが、一九七四年のエチオピア革命やソマリアとの戦争に支援を強めたことは、アメリカを刺激した。開発途上の「社会主義志向国」が、ソ連の影響力拡大の機会であるとも主張された。

だが党国際局のブルテンツも回想するように、ソ連には実は厳密な意味での第三世界戦略はなかった（『古広場での三〇年』）。アジアでは、中ソ対立が地域的な武力対立にひろがった。また中東においては、一九七九年にイラン革命が勃発し、やがてアメリカ大使館占拠事件が起きるなど、ペルシア湾をめぐっても米ソの関係は不安定化してきた。

なかでもアフガニスタンにたいするブレジネフ政権の関与が緊張と危機の契機となった。ソ連は直接国境を接するアフガニスタンには伝統的に慎重であったが、一九七三年にアフガニスタンは共和制に移行、さらに七八年四月にはソ連留学派の将校によるクーデターが起きた。その後急進的な国内改革を進めるアミン首相らが革命評議会の権力を握った。ムジャヒディンというイスラム系反政府勢力と対抗するなか、一九七九年一二月末にソ連軍が介入した。アミンは殺害され、カルマルが新政府の首班として擁立された。

　介入の決定は、一九七九年一二月一二日共産党政治局のなかでも、実質は五名で決定された。短期介入を主張したのはアンドロポフKGB議長であり、軍のウスチノフ、そしてグロムイコ外相の支持を得ていた。ブレジネフは病気がちで、アフガニスタンでなにが起きているか知らず、まかせっきりであった。ちなみに資本主義との間に平和はありえないとするモロトフが、この介入を私的に支持したのは当然であった。

　けれどもこのような介入は西側諸国、国際世論の反発をまねいた。カーター大統領はさっそく穀物の禁輸措置をとった。モスクワ・オリンピックをボイコットした。アフガニスタンへの介入は一九八九年までの足かけ一〇年にわたり泥沼の戦争を余儀なくされ、弱まった超大国の力の限界を明らかにした。

　一九八〇年夏にはポーランド、グダニスクの造船所でワウェンサ（ワレサ）を指導者とする自主的労働運動が生まれた。はじめて共産党政権に対抗した労働者の運動は、知識人やカトリック教会などの支持を得た。当局は政労合意という譲歩を余儀なくされたが、共産党支配の正統性というソ連社会主義の根幹にかかわる問題であった。スースロフを中心とする政治局小委員会が作られたが、介入については慎重だった。

一九八一年春には両国関係は緊張した。もっともソ連は主として政治圧力をかけることしかできなかった。「連帯」指導部もこの運動を「自制的革命」と呼んだが、現場の運動は「連帯」中央の統制をこえがちであった。首相兼第一書記となったヤルゼルスキ将軍は、一九八一年一二月に戒厳令をしいて「連帯」は非合法化された。このころ老モロトフはヤルゼルスキ将軍を祝し、ポーランド人の間に真のコムニストはゼルジンスキーなどわずかしかいない、と私的に語っていた。

東西関係の悪化は、ソ連の国内政治にも反映した。異論派の指導者サハロフ博士は当局の行政処分により一九八〇年初め閉鎖都市ゴーリキーに幽囚の身となった。ユダヤ人などの出国は再びきびしく制限された。年末には、作家らも国外に追放された。西側の対ソ放送にたいする妨害が再開された。一九八〇年西側がボイコットしたモスクワ・オリンピックが開催されたが、国民の関心は名優ヴィソツキーの葬儀のほうに集まった。

経済面でも状況はますます悪化した。一九八二年に採択された「食糧計画」も実質的改革をふくまなかった。他方、石油、ガスなどはパイプラインをつうじてヨーロッパまで輸出するため西シベリアの開発が促進されたが、極北などでの突貫的石油・ガス開発は、資源の国際価格の低下と、無理な開発で効率が悪化したため、問題が顕著であった。

世代交代の中間期

こうしたなか世代交代の動きが出はじめた。保守派のスースロフが亡くなり、かわって一九八二年五月にKGBのアンドロポフがイデオロギーと外交を担当する第二書記となった。改革論が出はじめた。一九八二年一一月一〇日、七五歳のブレジネフ書記長が死去した。後任は、六八歳のアンドロポフが選ばれた。モロトフは彼に私的に期待していたが、その理由の一つにはモロトフが彼を外交畑に引き入れたこともある。明確なフルシチョフ－ブレジネフ派でなかったからであった。歴史家ピジコフはグロムイコやウスチノフなどもふくめアンドロポフを古儀式派系にふくめる（112:347）。一九八〇年代初めに、禁じられていたレーニンについての演劇公演も許し、個人的に前衛劇の庇護もした。しかし彼はすでに病人であった。

アンドロポフ書記長の就任には、政治警察という彼の基盤とともに、発言力を増したグロムイコらの外交機関、あるいはウスチノフ国防相らの軍も関係していた。こうした軍、外交、治安機関などの指導者は、体制の危機認識は明確であった。アンドロポフは、最大の問題が経済状態であることを理解していた。事実、就任後、治安機関の人事を刷新し、労働規律や秩序を強化した。これとならんで、経済改善と呼ばれた経済の改革に着手した。一九八三年半ばにはポーランドの「連帯」の台頭に危機を感じてか、他方では自主管理の要素をとりいれ、六月に採択された法律で労働集団の経済的発言権を強めようともした。

人事面でも農業担当のゴルバチョフを重用し、のちに軍需担当のロマノフを党書記に登用した。あらたにルイシコフを党経済部長・書記に任命、シベリアのリガチョフを組織担当書記にするといったように、人事が進んだ。権威ある研究機関、世界経済国際関係研究所所長には、のちにペレストロイカの旗手となるヤコブレフが任命され、改革派経済学者アガンベギャンやザスラフスカヤによる改革案「ノボシビルスク覚え書き」が党内部で検討された。学術雑誌でも、「社会主義の矛盾」をめぐる論争を企画し、政治学者が革新的論文を発表しはじめた。クラシビリという学者は危機の根源が一九三〇年代にできあがったシステムそのものにあると論じた。スターリン体制への最初の批判であった。

またアンドロポフは中距離核戦力（ＩＮＦ）・戦略兵器削減の交渉（ＳＴＡＲＴ）も開始した。だがレーガン政権はソ連を「悪の帝国」と呼び、また戦略防衛構想（ＳＤＩ）を進めるなど、米ソの対立色は濃くなった。それでも米ソの代表が有名な「森の散歩」で核軍縮合意をさぐった。だが一九八三年九月の大韓航空機〇〇七便がサハリン沖でソ連空軍機に撃墜《げきつい》され、対米関係はいっそう悪化した。一〇月にはアンドロポフは直接指揮を執《と》れないほど病気が悪化し、翌一九八四年二月九日に死去、アンドロポフ時代は約四〇〇日で終わった。この間一九八三年一一月の革命六六年記念日には、集まった人々に、モロトフはアンドロポフを「信頼できる人」と評価し、初めて彼のために乾杯した。アンドロポフ外交を評価していたモロトフは彼の死を悲しんだ（4:527）。

モロトフ復権

かわって一九八四年二月、党中央委員会総会で、コンスタンチン・チェルネンコが書記長として選出された。グロムイコや、さらにアンドロポフが支持したゴルバチョフらも非公式には候補となったが、長老のウスチノフがチェルネンコを推薦した。チェルネンコはすでに七二歳であったが、ブレジネフの補佐役にすぎなかった。一九八四年四月には最高会議幹部会議長にもなった。もっとも病気がちの書記長にかわって、第二書記のゴルバチョフが政治局などの会議を司会した。

とくにグロムイコは、当時対米関係で大きな役割を果たした。彼自身ウスチノフとともに古儀式的背景のある政治家であった。晩年の公式回想録でも自己の一族がこの宗教上の理由でベラルーシに追放されたと書いているが、無神論者国家であるソ連では自己の一族の宗教にまで論及することは珍しいものであった。政治力を高めたグロムイコは米国と対抗するためには宗教を復活する必要があると政治局で議論しだした。一九八八年のルーシ受礼一〇〇〇年にむけてダニロフ修道院の改装が始まった。

このころモロトフはジューコフカの別荘で過ごしたが、チェルネンコには期待しなかった。ところが、皮肉なことに彼を復権させたのはチェルネンコであった。一九八四年五月末、政治局はモロトフの共産党員としての復権を審議し、七月に復党を決定した。

孫のニコノフ氏によれば、政治局でこれを推進したのは、アンドロポフとグロムイコで、いずれもモロトフ外相のかつての部下であった。内部の審議では、グリシン・モスクワ市書記もモロトフと会ったと語った。チェルネンコ書記長は、同時にマレンコフやカガノビッチ、シェレーピンからの復党願の手紙も引用した。グロムイコは賛成し、ウスチノフも復権を支持した。しかしKGBのチェブリコフは、モロトフを支持したが、カガノビッチらの復権には消極的であった。興味深いことに若手のゴルバチョフもモロトフとカガノビッチの復権を支持していた。ただし公表には慎重であった（60:433）。

こうしてチェルネンコは自らモロトフと接見したが、モロトフはほとんど涙を流さんばかりに復権を喜んだ。最長老の党員としてチェルネンコとの直接の会見から戻ったモロトフは「チェルネンコは具合が悪そうだった」と家族に語った。

終章　モロトフとソ連崩壊

ゴルバチョフ改革

一九八五年三月一〇日、病弱のチェルネンコ書記長が亡くなった。後継者を選ぶ一一日の党中央委員会総会で、五四歳のゴルバチョフを書記長に推薦したのは、長老の外交官で、第一副首相でもあったグロムイコであった。ゴルバチョフは一九三一年三月、ロシア南部、北カフカースの農民の子として生まれた。この地の自立的なカザーク（コサック）農民は農業集団化と飢饉による打撃を受け、抵抗が激しかった地域である。

ゴルバチョフの父はコルホーズ議長であったが、一族は一九三二〜三三年の飢饉にあい、二人の祖父も抑圧の犠牲になっていた。農村出身でしかも抑圧された地域から出てきた新指導者は、それまでの共産党官僚、軍や治安機関出身者、巨大な官庁利益を背景としたテクノクラートとは異なった背景と経歴を有した。ゴルバチョフは、さっそく新人事を行ったが、それはルイシコフ新首相やリガチョフ党書記など、アンドロポフ期からの同僚を登用するもので中途半端でもあった。

当初の政策は旧時代の微温的「改善」と「加速化」戦略であった。しかしこれはすぐに限界に逢着し、改革の進展の必要性が痛感される事態を迎えた。それとともに改革派指導者と党機関との軋轢《あつれき》が生じた。一九八六年の第二七回共産党大会でのゴルバチョフ政治報告は、保守的な党文書、新綱領との間には顕著な差異が表面化した。政治報告は、ゴルバチョフの改革姿勢を明確にするもので、タブーであった経済改革という言葉が、「根本的改革」といった表現で登場した。また家族請負・個人請負といった農業改革の理念もここで提示された。

ウクライナのキエフ近郊のチェルノブイリで一九八六年四月二六日に原子力発電所の事故が起きた。報道は国際的に広がり、体制危機の深さが明るみに出た。ゴルバチョフは、これを奇貨《きか》としてヤコブレフらのブレーンの考えるグラスノスチ（情報公開）を進めた。ゴルバチョフらはこの国内危機を、核実験モラトリアムや「核時代の新思考」といった反核キャンペーンにも利用した。

危機は改革政策の急進化に拍車をかけた。ゴルバチョフは、一九八六年七月にはハバロフスクなど極東地方で「ペレストロイカは第二の革命」であると宣言した。これが単に経済だけでなく、社会生活全体の転換を意味するとして、「上からの革命」が下からの主導性によって支えられるべきものであるとみた。このペレストロイカという言葉は、実は一九三〇年代にスターリンなどがよく使ったものでもあった。しかし改革とは、旧来の教条的なイデオロギーでは不可能であり、改革派学者、知識人を登用しての大胆な発想を必要としていた。知識人たちの解放が必要であった。この点で上からの改革を広げるグラスノスチ、マスコミの自由化がすすんだ。ゴルバチョフは「もっと社会主義を」とイデオロギーには配慮したが、自由化政策はいっそう急進化した。

モロトフ没

老モロトフは、一九八四年の復権時からゴルバチョフに期待していた。彼が生まれた時、自分は一番若い首相になったばかりだったとも回想した。一九八六年三月、九六歳のモロトフは、党大会での加速化というスローガンをやや慎重に見た。党周辺に腐った分子がいる、とも考えた。ヤコブレフ書記には「期待できない」ともらした (4a:727)。

こうしたなか一九八六年四月末、作家チューエフは生前最後となる一三九回目の会見に立ち会った。モロトフは党員歴八〇年という歴史を振り返って少し長生きしすぎたと語った。彼は、ブレジネフ時代の停滞を指摘し、「フルシチョフ時代を繰り返した」とも批判した (4:549)。一九八六年五月、モロトフには、元首相としての年金額がさかのぼって支給された。さっそく孤児院に寄付を申し入れた。

一九八六年一一月、一つの記事がちょっとした波紋を投げかけた。モロトフが「モスコフスキエ・ノーボスチ紙」のインタビューで、「この国の新しい変化にわくわくしている」と、ペレストロイカを特徴づけたからであった。この新聞はこのころからグラスノスチの旗手となる。もっともこの話を年金生活者として聞いた老カガノビッチは、この発言はジャーナリストの作文と思った。もっともモロトフが、最後には、ゴルバチョフに会おうと党中央委員会に電話していたのは事実であった。

年前である。

モロトフは一九八六年の一一月八日、革命六九周年の日に亡くなった。ソ連が消滅する五年前である。

クンツェボの葬儀場には二〇〇名ほどが参列した。ノボデビッチー修道院の墓地には、スターリン一族、かつての同僚政治局員であったブルガーニン、カガノビッチ、ミコヤンなどの関係者、元日本大使だったスターリン主義者テボシャンも参列した。棺《ひつぎ》は深紅の赤旗で覆われ、弔辞には、作家イワン・スタドニューク、巡洋艦モロトフの関係者、甥のスクリャービン、そしてチューエフがたった。葬儀代は国費から支出された。モロトフが亡くなった日、KGB職員が家を訪れ、書類や写真が入った二つのスーツケースを持ち出した。

残された彼の最後のメモには、こうあった。

①社会主義の根本原則は社会によって定められた労働ノルマの遵守
②共産党は労働者階級の党であって、全人民の党ではない
③社会主義の下《もと》での民主主義　(4:553)

歴史の空白をうめよ

彼が亡くなったその日、「モスコフスキエ・ノーボスチ紙」に「革命の若さ」という論文が掲載された。筆者はアンバルツモフ、一九七〇年代に半異論派的な立場の政治学者であったが、内容もスターリン時代を「戦時共産主義」体制であると初めて批判したものであった。この新聞はエゴール・ヤコブレフの編集のもと、『アガニョーク』『論議と事実』『二〇

世紀と平和』といったメディアとともに急進改革派の影響が出はじめた。その背景にはゴルバチョフ改革のイデオローグ、党宣伝部長から書記となったアレクサンドル・ヤコブレフがいた。彼の指導下、党宣伝部はレーニン主義擁護の総本山から、「反社会主義の拠点となった」と補佐役の哲学者ツイプコは回想した。

一九八七年一月の党中央委員会総会でゴルバチョフは政治改革を提唱した。ここでの報告は、ソ連社会の危機的状況を、あたかも反体制文書のように描き出したものであって世論に衝撃をあたえた。ブレジネフ時代の停滞が厳しく批判され、歴史の別の可能性についても論及された。企業人事の民主化と同時に、複数選挙の実験など政治改革についても部分的ではあるが開始された。

これと同時に、非公式集団のように、党の指導を受けない団体の活動も自由化された。環境問題を皮切りに、次第に自立的な市民運動が登場し、改革派と市民派、急進派との結節点となった。こうしてモスクワでは「ペレストロイカ・クラブ」「社会的イニシャチブ・クラブ」などが生まれた。これらから人民戦線やミニ政党、そしてエストニアやアルメニアなどの共和国では環境派が次第に活性化し、また民族派が台頭していく。

なかでもかつて厳しい統制下にあった歴史の再評価、見直しの問題が出てきた。ゴルバチョフが一九八七年初め「歴史の空白をうめよ」という発言を行って以降、しだいにタブーが解禁された。スターリンのもとでの抑圧や集団化の現実、一九三二〜三三年の飢饉、トロツキー、ジノビエフやブハーリンなど粛清された共産党の反対派指導者や、忠実な党員、抑圧された学者・市民の復権、三八年に粛清されたトハチェフスキーなどの軍人やスターリンを批判した外交官の受難、さらにはスターリン時代に生まれた制度自体の相対化と批判が争点となり、歴史家、批評家、作家、さらに市民運動までもまきこんでの論争となった。ネップの可能性が指摘され、また一九六〇年代から、三〇年代の農業集団化に批判的であったモジャエフなどの農村派作家は、より批判の調子《トーン》をあげた。

こうしたなかヤコブレフを中心に、スターリン時代の粛清に関する見直し委員会が一九八七年九月に発足した。ユーリー・アファナシェフら歴史家、文学者、粛清された家族などの民間の委員会である「メモリアル」も作られ、粛清に関する調査や報告、復権運動をはかった。それらの結果として二〇〇〇年一月には四〇〇万人以上の市民の名誉が回復されたが、このなかには二四三万八〇〇〇人の司法外で刑法上の処分を受けた者もふくまれた。

この論議は、一九八七年一一月の革命七〇周年のゴルバチョフ記念演説で一つのピークを迎える。しかし反対派の圧力もあって、ブハーリン、トロツキーなどを再評価するまでは行けなかった。なかでも一九八七年一〇月の党中央委員会総会では、急進改革を主張したモスクワ市共産党第一書記エリツィンがペレストロイカの遅れを公然と批判し、保守派幹部を批判して政治局員候補を解任されるという事態が生じていた。党書記長であるゴルバチョフと共産党を批判したエリツィンは左遷されたが、急進化していく共産党批判の世論には好意的に見られた。

ペレストロイカから革命へ

ペレストロイカはこうして「上からの革命」といった性格から、下からの革命へ、世論や政治の改革は中央の指示をこえて深まった。同時に保守派の抵抗も強まった。一九八八年三月、ゴルバチョフ書記長の外国旅行中に保守的な「ソビエツカヤ・ロシア紙」はスターリン主義を擁護するアンドレーエバ論文を公表した。中間派から保守派に傾斜したリガチョフ書記などはペレストロイカとゴルバチョフ指導部を牽制《けんせい》する意図があった。だが一九八八年四月にはヤコブレフらの手になる「プラウダ紙」無署名論文により、このアンドレーエバ論文はペレストロイカを批判するものとして否定された。

イデオロギーをめぐる闘争は、改革派の勝利になり、グラスノスチは限界なしの展開へと移行しはじめる結果を生んだ。この間、バルト諸国では民族をめぐる争点が正面に出てきた。エストニアでは燐《りん》鉱山の環境問題が出はじめた。これは経済主権問題という形で、モスクワと共和国という問題に発展した。ペレストロイカを下から支える人民戦線という組織ができた。これには民族的知識人も参加し、次第に地元共産党から民族派へと主導権が移動した。

この間、党と国家の分離、ソビエト議会の改革など政治改革が矢継ぎ早に出された。憲法改正が課題となった。「全権力をソビエトへ」という、かつての革命的スローガンをかかげた一九八九年三月のソビエト選挙では、ソビエトを議会に近づけ、また共産党の改革が問題であって、複数政党の問題は出ていなかった。

こうしたなか一九八九年五月二五日にソビエト史上初めての第一回人民代議員大会が開催され、これは全国にテレビ中継された。ゴルバチョフは最高会議議長に圧倒的多数で選出されたが、急進派指導者の歴史家アファナシェフは大会の構成がスターリン－ブレジネフ的であると酷評した。この議会で、トビリシ事件など民族紛争が審議された。なかでもエリツィン、サハロフ、ポポフ、アファナシェフ、エストニアの議員パリムなど急進的議員は、七月に反対派の「地域間代議員集団」を形成した。彼らの綱領的基盤は明確ではなかったが、次第に社会主義離れと共産党にたいする野党として最初の政治組織となった。

問題化されるモロトフ－リッベントロップ協定

こうした結果、死者を安眠させせない事態が生じた。モロトフの名前が、バルトの民族問題の根元である一九三九年のモロトフ－リッベントロップ協定と関連して問題視された。事実バルト諸国では、人民戦線機関紙などが同協定を批判した。この独ソ不可侵条約とその付属秘密議定書は、ニュールンベルク裁判（一九四五～四六年）では、原典が見つからないとしてソ連代表をふくむ特別法廷が証拠として採用しなかった経緯がある。だが米国とドイツの外交文書は、これを歴史資料であるとして早くから公表していた。

ソ連国内でこれが問題化することは、一九四〇年のバルト諸国のソ連邦への併合の正当性を問う深刻な内容を持っていた。こうしてゴルバチョフの「歴史の空白をうめよ」という訴えは、スターリン、モロトフへの再批判と結びついた。ポーランド政府も、一九八七年四月、カチンの森でのポーランド軍将校の虐殺事件の調査を求めた。

なかでもエストニアでは一九八七年の協定記念の八月二三日、数千人が集まってこの協定を初めて問題とした。だが一九八七年の十月革命七〇周年記念演説でゴルバチョフは、モロトフ協定にふれられなかった。同年一二月外務省と党中央委員会でこの存在を認めようとする試みがあったが、政治局は承認しなかった。グロムイコらの保守的圧力によるものであった。しかし翌一九八八年八月二三日の記念日には歴史家アファナシェフがタリンの市民を前に、当局にこの公開を迫った。外務省専門家もまた、ドイツ外務省のコピーを調査し、その信憑性《しんぴょうせい》を確認した。ソ連側もモロトフの秘書課長代理から一九四六年四月にこの文書が人民委員会議に引き渡されていたことが認定された。

政治局レベルではシェワルナッゼ、メドベージェフ政治局員ら改革派の公開要求に対して、ポーランド、モルダビアなどでの反ソビエト運動を懸念したチェブリコフKGB議長らが反対した。こうしたなか一九八九年八月の独ソ不可侵条約の五〇周年記念日には、一〇〇万もの人の鎖がバルト三国を結んだ。この年の第一回人民代議員大会ではヤコブレフのモロトフ＝リッベントロップ協定に関する委員会ができた。

党支配の終焉

政治改革もスターリンやモロトフらが作り上げた制度群にとって大きな打撃となった。党と国家を分離すること、とくに党中央委員会書記局といった党官僚制度、いわゆるアパラチク（機関専従員）たちの役割の変化である。一九八九年秋、ゴルバチョフは書記局機関を廃止し、かわりに委員会組織をもうけた。このことは党機関の国家への優位、上下の指揮命令系統といった党官僚制を解体することに等しかった。

言葉を換えれば、国家を支配する党機関という制度は、スターリンとモロトフのもとで一九二〇年代に形成された制度であるが、これが解体されはじめた。党機関の働き手だったオニコフによれば、党の支配とは、実際はこの「〇・三パーセントのアパラチクの支配」に他ならなかった。これが解体されだした。

もっともそれは地方や経済部門の党官僚が中央の軛《くびき》から自立するという皮肉な結果ともなった。ノメンクラトゥーラの役割が変わって、一部で彼らが管理する資産の事実上の民営化が始まった。党が国家を支配するメカニズムは急速に瓦解しはじめた。地方党官僚は自治と主権を旗頭《はたがしら》に自立を模索、民族共和国は民族主義を宣言、そして経済官庁は「黒い民営化」と呼ばれる事実上の自由化を始めていた。第一書記たちは大統領に衣替えした。このなかには保守派の地方が、民族紛争を利用して、改革派主導の中央から離脱したという側面も見逃せない。

これらの結果、連邦制制度が問題化した。モロトフ－リッベントロップ協定を認めることのジレンマが出た。バルト三国の共和国としての法的位置は残りの一二共和国と同じである。したがって、バルト諸国の分離権を認めれば、残りの一二共和国の主権問題とも結びつく。

東欧での動き

しかも変化する政治情勢は、一九八九年後半のベルリンの壁撤去をはじめとする冷戦の終わり、東欧市民革命、ビロード革命を頂点にいっそう顕著で急進的なものとなった。一九八九年七月に行われたポーランドの選挙では、連帯派が圧勝、八月には非共産党系のマゾヴェツキー政権ができた。他方ハンガリーでは、一九八八年のカダルの退陣以降、ニエルシュ、ポジュガイといった若手指導者が、社会民主主義的な社会党を八九年に作る。チェコスロバキアでも、一九六八年改革の挫折以降の停滞をうち破って憲章七七運動の指導者である劇作家のハヴェルら、市民フォーラムが台頭、ビロード革命を主導する。

とくに、もっとも保守的なドイツ民主共和国では、一九八九年一〇月の東独形成四〇周年時のゴルバチョフ訪問とホーネッカーの辞任後、民主化を求める市民運動は、当局の思惑をこえてひろがった。クレンツ指導部が登場した矢先の一一月九日、ベルリンの壁が民衆の手で突如開放された。これが、ゴルバチョフの新思考外交の頂点であり、東欧全体を揺るがす政治変動の頂点となった。

ハンガリーでは民主フォーラムが選挙で台頭、またチェコスロバキアではハヴェル大統領が年末に誕生する急展開となった。なかでも、もっとも保守的なルーマニアでは、チャウシエスクはゴルバチョフに対し、改革をやめることを迫っていた。しかし、東欧革命のなかチャウシェスクの権威主義的体制が崩壊した。一九八九年一二月末、大統領の座を追われたチャウシェスクとその家族は、自由化革命のなかで落命した。

これはソ連国内に奔流となって影響を与えた。すでに、一九八九年夏には、基幹労働者である炭鉱労働者たちが各地でストを構えた。これらは、ペレストロイカは「下からの革命」という性格を示した。これは急進的改革を進める側には追い風と言えたが、中央権力の衰えは否めなかった。サハロフなど急進的議員集団は、第二回人民代議員大会を前に、共産党支配の法的根拠となった、憲法第六条の党の指導的役割という条項を削除するべきことを求めた。また経済の悪化のなか、政府の経済改革案を批判した。サハロフ、エリツィンらの人気は急速に高まった。

またバルト人民戦線の議員はソ連邦離脱を主張し、リトアニアのブラザウスカス共産党第一書記はソ連共産党からの独立をめざしだした。「上からの革命」として始まったペレストロイカは、こうして共産党自体をめぐる対立となり、東欧革命は、ソ連共産党の統合力を失わせた。あらたな政治的改革が必要であった。

東欧革命のさなか、ゴルバチョフは一九八九年一一月、従来の資本主義認識がまちがっていたと、社会民主主義を評価する画期的論文を書いた。しかし共産党と改革に対する信頼は低下しており、複数政党が存在しない状況で共産党の改革の問題は重要性を増した。同時に保守派も本音で語り行動しだし、保守派の下からの組織化と本格的台頭という問題が生じた。

一九八九年一二月の党中央委員会総会は、党保守派のパニック的な状況とゴルバチョフ指導部に対する反発の大きさを示した。ゴルバチョフはイデオロギー的保守派だけでなく、地方の党官僚らからも東欧で共産党支配を崩壊させたと非難された。レニングラードでは、保守派の人民戦線に当たる勤労者統一戦線といった下からの組織が生まれた。これは軍産部門、とくにロシア人が少数派となるバルトなどの民族地域でも顕著であった。

他方では、急進化した世論があった。第二回人民代議員大会では共産党の指導的役割という憲法の規定を削除せよとサハロフが発言したが、その後急死した彼の遺言ともなった。指導部内でも、第六条を廃止せよと共産党の指導的役割自体が問題となった。党官僚たちは選挙で勝ち残れなくなり、ゴルバチョフ批判に転じるか、そうでない者は新しい政治的方向を模索しはじめた。

民族問題

民族問題は、ゴルバチョフ時代当初、比較的軽視されたといわれる。だがブレジネフ末期には、地域では深刻な問題が生じていた。一九八八年初めにはアルメニア人の飛び地であるアゼルバイジャン共和国のナゴルノ・カラバフをめぐる対立に飛び火した。アルメニアのカラバフ委員会の指導者、テル・ペトロシャンはカラバフ問題を争点としたが、これはアゼルバイジャンでのスムガイトをはじめとする際限なき紛争を起こした。このような民族紛争は、やがてグルジアにおけるアブハジヤ事件、一九八九年のウズベクでのメスヘチヤ人をめぐるフェルガナ事件といった紛争へと拡大した。

なかでも一九八九年四月、アブハジヤの自立に対するグルジア人たちの首都トビリシでの平和な民族主義運動に対し、ソ連軍が毒ガスをふくめ発砲する事件が起き、多くの死傷者が出た。ただちにシェワルナッゼがおもむき、また五月に開催された人民代議員大会では、調査委員会が発足した。この事件の背後には保守派の動きが見られた。モルドバでもルーマニアとの関連、またスターリン時代の併合の正当性や、ロシア人、ガガウズ人といった少数民族問題が生じた。

こうしたなか一九八九年一二月の第二回人民代議員大会は、アレクサンドル・ヤコブレフによるモロトフ協定に関する報告を聞いた。この一二月の会議に出席した中間派的なボロトニコフ政治局員の回想『真相はこうだった』（一九九五）を引こう。

ラトビアからの教授は、演説をビルトゥゾ（達人、名手）と評した。……演説をしたヤコブレフは単にこの審議された問題だけを論じたのではなかった。彼はスターリン、戦後の発展、バルト沿岸とモルドバでの世論、この事実に関する国際政治の反応について述べた。非道徳性と冒険主義について述べた。ついには真実を語らなければならない、清算しなければならないと感動的に締めくくった。

こうして「一九三九年の八月二三日の秘密議定書は、その成立事情においても内容においてもソビエト外交のレーニン主義的原則に反している」「スターリンとモロトフが、ソビエト人民、最高会議、そしてソビエト政府から極秘裏に進めたものであって、批准の手続きも経ていないものである」と初めて非難された。バルト三国の併合が違法と判断された。

この間ゴルバチョフはソ連首脳として初めてバチカンを訪問し（一九八九）、翌年にはカトリック教会との外交関係が再開した。その後一九八九年一二月のマルタ島で、ブッシュ大統領と冷戦の終焉を約束した。こうして一九四〇年代末からの東欧の分割を軸とする米ソの冷戦は幕を閉じた。

東欧での革命のさなか、一九九〇年一月からはソ連軍の撤兵交渉が本格化した。二月にはチェコスロバキアのハヴェル大統領との間で撤兵が署名された。ハンガリーなど東欧からのソ連軍撤兵に関する決定は、あまり開かれなくなった政治局にかわり、ゴルバチョフなど数人の政治局員によってなされ、軍の不満をゴルバチョフが押し切った。

またゴルバチョフは、結局一九九〇年初めには東独のモドロウ首相に対しドイツ統一を承認した。その統一は、二プラス四（アメリカ、イギリス、フランス、ソ連）の方式で交渉が始められた。NATOへの参加問題では軍部などソ連内部での反発もあったが、結局承認された。一〇月にはこの式典が行われた。アジア外交も、一九八八年までには新たな次元を持った。アフガンからの一九八九年初めの撤兵完了は歓迎された。五月のゴルバチョフの中国訪問は、学生などが主体となった中国民主化運動の引き金となり、六月の天安門での弾圧事件へと至った。

分裂するソ連

一九八九年の東欧革命を受けて、ソ連は急転換を強《し》いられた。「上からの革命」としてのペレストロイカは、「下からの革命」というべき挑戦を受けた。こうしたなかで、ゴルバチョフ指導部は、国家権力機構の再編成に着手、共産党の「指導的役割」を放棄するという大胆な賭《か》けに出た。一九九〇年二月の党中央委員会総会で、ゴルバチョフは一党制支配の根拠となった憲法第六条の放棄を宣言した。ソ連国家形成以来の原則である、共産党と国家の関係はこうして形式的には分離された。

かわって一九九〇年三月の第三回人民代議員大会は、大統領制導入を決議し、そしてゴルバチョフを初代にして結果的には最後のソ連邦大統領に選出した。もっとも国民投票ではなく人民代議員大会での選出というやりかたは、ゴルバチョフ新大統領制度の権威の低下になった。このこともあってゴルバチョフは党書記長を辞任できなかった。一九九〇年六月に予定された第二八回党大会（七月開催）での、「人道的、民主的社会主義に向けて」という綱領的文書も、曖昧で中間的なものとなった。保守派は、ロシア共産党を作り、保守的なポロスコフを第一書記に選出した。他方エリツィンは、ソ連共産党大会で離党を表明し、会場から公然と退場した。

東欧革命の余波は、なによりバルトの民族運動の高まりとなって現れた。単なる主権宣言から独立へと主張が高まった。なかでもリトアニアでは三月の最高会議決定で、独立が宣言された。これにつづいてラトビア、エストニアでも独立宣言が出された。ロシア連邦ではエリツィンが一九九〇年五月に最高会議議長に就任したが、六月の第一回ロシア人民代議員大会で、ロシア連邦の主権を宣言するにおよんで問題は極点に至った。

民族問題、連邦再編成が不可避となった。共和国勢力の台頭は経済論争にも新しい次元を開いた。次第に登場したロシア政府の急進的市場改革派、とくにヤブリンスキーは五〇〇日で市場経済に移行する大胆な計画案を提示した。ゴルバチョフはこれと連携を模索するが、軍産部門など保守派が反撃に出た。このことは、つまりロシアなど共和国側とソ連との和解の可能性を失わせた。

深刻なのは連邦制と主権との関係をめぐる問題であった。連邦の改革をめぐって、ふたつの勢力が台頭した。一方は、旧来のソ連邦の維持をはかる保守派であって、多くは社会主義体制の存続を志向した。連邦次元で構成される企業、軍などの関係者の間では危機管理と「大統領直轄」を求めた。第二は、共和国の独立をはかる分離主義的な志向であって、これはスターリン時代にソ連に併合された地域やグルジアで強かった。ロシアのエリツィンをふくむこれらの勢力は、連邦よりも「共同体」のような緩《ゆる》い国家を志向した。

なかでも保守化傾向は、国内の政治社会不安、また東欧からのソ連軍撤退にからむ軍部の反発とも重なった。一九九〇年一一月に開催された最高会議をまえに、共和国との提携に傾いてきたゴルバチョフに対する保守派の反乱があった。こうした新傾向を代表したのが、軍・治安機関との関係が深く、ゴルバチョフにかわって最高会議議長となっていた法律家ルキヤノフである。彼は軍需産業や民族紛争地域に非常事態を主張したアルクスニス大佐など、連邦維持のための新議員組織「ソユーズ」を操った。

一九九〇年末の第四回人民代議員大会ではこの保守的・規律強化の経済政策が出た。ゴルバチョフ周辺ではヤコブレフらの改革派は後退し、このためシェワルナッゼが、クーデターの恐れを警告して外相の辞任を大会で表明した。一九九〇年末から翌年一月にかけ副大統領にはヤナーエフ、新首相パブロフなど、中道保守的指導部ができた。大統領直属となった内閣の顔ぶれも軍産複合体出身者など保守的部分からなっていた。一九九一年八月クーデターの中心となる副大統領ヤナーエフ、新内相プーゴ、ヤゾフ国防相、クリュチコフ国家保安委員会議長などが台頭した。

なかでも問題の焦点はバルト問題であって、「大統領直轄」を求める保守派の動きがあり、治安機関の行動がみられた。一九九一年一月のリトアニアでは、政府危機へと発展した。モスクワ派共産党を中心とする国民救済委員会が権力の掌握と「大統領直轄」を主張、テレビ局占拠をめぐって連邦軍の出動と発砲事件により一四名の死者が出た。ラトビアでも一週間後にリガで同様の紛争が生じた。しかもこの事件についてゴルバチョフ大統領は、憲法擁護をくりかえしただけであったため、改革派の大統領ブレーン、シャターリン、ペトラコフ補佐官などが辞任した。

ふたりの大統領

対立は拡大し、暴力的挑発が出はじめた。なかでも一九九一年一月、バルト三国で保守派は暴力行使を演出した。一九九一年八月の保守派のクーデターへの演習であった。ゴルバチョフは保守派から、湾岸戦争の切迫も手伝ってますます追いつめられた。この状況で初の国家元首としての訪問となった四月の日本では懸案の平和条約交渉などで大きな主導性を発揮できなかった。帰国後ゴルバチョフはシャフナザロフ補佐官などの助言で緩やかな国家連邦構想を図る連邦条約の作成に意欲を燃やした。

しかしこのような状況を国家危機と見る保守派の代表や、ゴルバチョフ書記長のもとで国家機関の人事、つまり軍やKGBを監督してきたルキヤノフは危機感を募《つの》らせた。一九九一年六月、ロシアで直接選挙によってエリツィン大統領が誕生し、モスクワにふたりの大統領がいる事態になった。しかもゴルバチョフがこの共和国勢力にすり寄ったのである。七月末ルキヤノフは党中央委員会総会で、あたかも一九二一年のレーニンや、四一年のモロトフさながらに、党の危機を訴えた。共産党とソ連を救うためには非常権限を発揮すべきだ。陰謀は密かに進められた。

モロトフの死後から五年近くたった一九九一年初夏、老カガノビッチは九七歳になっていた。チューエフは、彼にインタビューを続けていた。老人は現在行われていることは「国際的規模でのネップだ」と理解した。それは後退だ、もし党が権力を握っていなければ社会主義は一掃される。ゴルバチョフの第二七回党大会のペレストロイカという方針は正しい。それはかつて自分が一九三四年の第一七回党大会で示したスローガンと同じだ。だが人間的社会主義を語った第二八回党大会は批判されなければならない、人間的社会主義とは甘い砂糖とおなじで無意味だ、社会主義への闘争は暴力を通じて、敵との死闘を通じて行われる。闘争、それは血と暴力だ。老カガノビッチはソ連を救わなければならない、それは労働者を組織化することだと考えた。

一九九一年七月二七日、チューエフは老カガノビッチが死んだことを知らされた。彼には復党もなかった。いな、その党自体が解体寸前の状況にあった。

その七月二七日の党中央委員会総会でルキヤノフ最高会議議長はソ連崩壊の危機感をあらわにした。これを阻止するためには厳しい選択をしなければならない、と演説した。ルキヤノフは、ゴルバチョフに、共産党を捨てるのか、私は一人でも残ると言った。ゴルバチョフは、いや自分と二人であると答えたが、ルキヤノフは満足してはいなかった（101:157）。

この時のルキヤノフは、あたかも一九四一年六月、指揮を放棄したスターリンを前にしたモロトフさながらであった。ゴルバチョフとルキヤノフの縁もモスクワ大学での党組織以来四〇年になる。ルキヤノフは憲法起草やソビエト活動や党総務部、行政機関部長として軍と治安機関の人事に関与した。つまり、ブレジネフ後の党と国家の関係は彼が蝶番《ちょうつがい》となって動かしてきた。だがこの党と国家の危機は非常手段を使ってでも克服すべきだった（A・ルキヤノフ『ロシア動乱の渦巻のなかで』一九九九）。

ちなみにチューエフのモロトフ回想が一九九一年になって表に出たのは、この政治状況とも無関係でなかった。一九四一年の危機に際し、スターリンの不在中に党と国家の最高の危機管理組織、つまり国家防衛委員会を立ち上げたモロトフは、ゴルバチョフに不満なクーデター派にとっても模範となった。陰の首謀者はルキヤノフであった。

崩壊は止まらない

一九九一年の八月クーデターは一八日、クリミア半島で休暇をとりながら新連邦条約案を練っていたゴルバチョフを、四人組、つまりボルジン大統領府長官、シェーニン書記、バクラノフ書記、バレンニコフ将軍といった指導部内の連邦維持派がプレハノフKGB第九部長（護衛担当）ら将校をともなって訪問し、大統領権限で非常事態令を敷くか、権限を副大統領ヤナーエフに与えるようゴルバチョフを説得することから始まった。

この会談の直接の関係者は、ゴルバチョフと先の四人の代表、そしてKGBのプレハノフなど七名である。ゴルバチョフ回想（邦訳『世界を震撼させた三日間』）は、この四名が「委員会」を代表してやってきたと言い、ゴルバチョフの大統領令か、さもなければ副大統領に権限を譲るよう主張したと言っている。この最後通牒に対し、ゴルバチョフ自身の回想では、最後に、「地獄へ行け」と言ったという。

しかしゴルバチョフへの説得が奏功しなかったため、八月一九日朝には、副大統領ヤナーエフ、国防相ヤゾフ、首相パブロフ、内相プーゴ、KGB議長クリュチコフなど七名からなる国家非常事態委員会の名称で、ゴルバチョフの健康に問題があるとして、ヤナーエフが大統領代行となり、権力を掌握したと発表した。これは合法性をよそおった宮廷クーデターであった。

歴史的に見れば八月クーデターとは、一九四一年六月、つまり独ソ戦時の政治状況の戯画でもあった。ドイツ侵攻という対外脅威に際して、そしてスターリンの一時的な指導放棄という状況でモロトフらは、「委員会」という党の権限をふくめた非常国家機関を作った。これに対しソ連崩壊という対内危機にあって、ゴルバチョフを棚上げしても党と国家の非常機関を立ち上げる。軍、ＫＧＢを束《たば》ねる党総務部担当書記だったルキヤノフが、隠れたプロデューサーであることは自明であった。軍とＫＧＢを統轄しうる党機関責任者のみが祖国を救える。彼らにとってバルトでの紛争は連邦と党支配の危機であった。ゴルバチョフの大統領制と国家連合的な解決策は危機を深刻化するだけであると映じた。実際、ゴルバチョフの所持した核のボタンはヤゾフの管理下に入った。

また謀議に出ていた最高会議議長ルキヤノフは非常事態委員会には参加しなかったが、さっそく連邦条約問題で最高会議を招集する議長声明を出すなど、事実上これを追認する動きをした。シェーニン軍事担当書記など党機関が密かにこれを支持して動いていた。ゴルバチョフが幽囚されたクリミア半島を管轄するウクライナ共産党では軍産部門出身のグレンコ書記がルキヤノフを次の書記長にと考えるクーデター派であった。

しかし開かれた社会はもはや保守派の思惑通りに動かなかった。大胆なメディアはこれに抗した。様子見の地方などの官僚も、ふるえる手でクーデターを訴えるヤナーエフ非常事態委員会議長の無力さをテレビで知った。グローモフやレーベジといったクーデターのために動員された将校連は将軍たちに将来性がないことを見て取って、エリツィン寄りの中立を保ちだした。三日間のクーデターは失敗した。

だがゴルバチョフが復帰したのはもはや別の国であった。一九九一年八月二四日、ゴルバチョフは、最後までしがみついた党書記長としてのポストを辞し、ソ連共産党中央委員会に解散を勧告した。国家党としての共産党は終わった。ウクライナではイデオロギー担当だったクラフチューク最高会議議長を中心に独立へと一斉に走り出し、ウクライナ最高会議は二四日に独立を宣言した。

ゴルバチョフはさらに小さくなった連邦の権限をなおも維持し、共和国を連邦につなぎ止めようとした。しかし共和国では、もはや遠心力を押しとどめようもなかった。一九九一年のゴルバチョフは、一九一七年のケレンスキー同様であった。権力と所有関係を変えようとする大きな革命の前に、無力さを自覚するだけであった。

一九九一年一二月、圧倒的に支持されたウクライナ独立の国民投票後、ソ連崩壊はもはや止まらなかった。一二月七日エリツィン、ウクライナのクラフチューク、ベラルーシのシュシケビッチというスラブ系三民族の首脳は、ベラルーシの首都ミンスク郊外でソ連崩壊を合意、代わって独立国家共同体（ＣＩＳ）を作ることを約束した。最後はソ連軍自体がロシアのエリツィン大統領の統制下に入ることを約束した。ゴルバチョフを守るメカニズムはもはや機能しなかった。

不幸な時代の産物

こうしてソ連邦は、一九九一年一二月二五日のゴルバチョフ大統領の辞任発言で終焉した。

ちなみにソ連時代を通じて、政治的要因によって法的根拠なく処断された者は、一一五〇万人に及ぶ、と法律家のクドリャフツェフは指摘する（38:339）。ただしそれは公式に登録された数字だけであって、この体制の犠牲者は全体で八〇〇〇万人という数字をあげる学者もないわけではない。筆者は、この数字は過剰と考えるが、まだ、どのような検証可能な数字も提出はされていない。

ソ連社会主義とは戦争と革命の時代の産物であった。それは、戦争を国家の解体で克服するといったユートピアをもたらしたが、その実現のためにはとりあえず社会主義をめざす国家を組織し、いな強化しなければならない。モロトフは、このリバイアサンを現実に動かした、共産党という巨大な歯車の中心軸でもあった。

革命は戦争の結果であったが、革命戦争、階級戦争が、逆に巨大な国家を作り、その担い《にな》手となることにモロトフは何の問題も感じていなかった。それどころか「国家の巨大化」をつうじて、「国家の解体」と社会主義の最終的勝利が可能である、という背理を内包していた。このわかりにくい論理は「弁証法的に」理解されるべきであった。党は自ら組織化し、官僚制となり、その担い手を粛清した上で、大衆党と化した。ゴルバチョフのように、ボリシェビキの暴力を受けた農民の子供にも開かれた組織となり、書記長にも迎えた。そして書記長だけがこの機構を真に動かし得た。

ペレストロイカはノメンクラトゥーラを思考面でも、経済面でも自由化した。担い手はともかく権力と所有関係が変わった。ソ連社会主義の時代はこうして終わった。

引用・参考文献

Ⅰ　モロトフの著作

1 V.M.Molotov, *Stachi i rechi, 1935-36*, M., 1937
2 V.M.Molotov, *Voprosy vneshnei politiki, 1945-48*, M., 1948
3 V.M.Molotov, *Vneshnei politiki pravitelstva*, M., 1940
4 Feliks Chuev, *Sto-sorok vesed s Molotobym*, M., 1991
4a F. Chuev, *Molotov, pladerzhavnyi vlastieli*, M.,2002 は、4の増補版
5 *Molotov Remembers, Inside Kremlin Politics, Conversations with Felix Chuev*, 1993
6 *Arkhiv noveishei istorii Rossii*, t.2, Osobaya papka V.M.Molotova, M., 1994
7 *Archives of the Central Committee of the Soviet Communist party, Leaders of the Revolution, Part 6*, Molotov, V.M., 1993
8 RGASPI, f.82, op.2 d.1633

Ⅱ　モロトフに関する著作・研究

9 Benard Bromage, *M.A., Molotov : the story of an Era*, London, 1956
10 Derek Watson, *Molotov and Sovnarkom*, Macmillan, 1995

Ⅲ　ソ連政治史文献（一般的な指導者・幹部の著作、各党大会議事録、党の各種大会の決定集等は略）

11 A.Adzhubei, *Te desyat let*, M., 1989
12 A.S.Akhiezer, *Rossiya: kritika istoricheskogo opyta*, Novocibirsk, 1997

13 A.M.Aleksandorov-Agentov, *Ot Kollonkai do Gorbachova*, M., 1994

14 *Arkhiv Trotskogo, kommunisiticheskogo oppozitsiya v SSSR 1923-27*, t.1-4, 1991

15 *The Artful Albanian, the memoirs of Enver Hoxha*, London, 1986

16 V.Berezhikov, *Kak ya stal perevodchikom Stalina*, M., 1993

17 Beriya : *Konets kar'ery*, M.,1991

18 S.Beriya, *Moi otets-Lavrentii Beriya*, M., 1994

19 Chuev, F.I., *Tak govoril L.M.Kaganovich, ispobed stalinskogo apostola*, M., 1992

20 *Georgii Zhukov, stenogramma oktyabriskogo plenuma TsK KPSS i drugie dokumenty*, M., 2001

21 *Dimitrov and Stalin 1934-1943, letters from the Soviet Archives*, Yale, 2000

22 *Dokumenty vneshnei politiki, 1939 god*, 1992

23 V.Kovalev, *Dva stalinskikh narkoma*, M., 1995

24 A.Gromyko, *Andrei Gromyko v labirintakh Kremlya*, M.,1997

25 *God krizisa 1938-39*, t.1-2, M.,1990

26 *Gulag (Glavnoe upravlenie lagerei) 1918-1960*, M., 2000

27 *Istoricheskie isledovaniya v Rossii, tendentsii poslednikh let*, M., 1996

28 L.Kaganovich, *Pamyatnyie zapiski*, M., 1996

29 *Kak lomali NEP, v 5-ti tomakh*, M., 2000-01

30 *Katyn, plennikki neob'yavlennoi voiny*, M., 1999

31 A.Kirilina, *Neizvestnyi Kirov*, M., 2001

32 N.S.Khrushchev, *Materially nauchinoi konferentsii*, M., Fond Gorbachova, 1994

33 M.Kollontai, *Diplomaticheskie dnevniki, 1922-40*, t.2 M., 2001
34 V.A. Kozlov, *Massovie bespolyadki v SSSR pri Khrushchove i Brezhneve*, Novosibirsk, 1999
35 G.M.Kornenko, *Kholodnaya voina*, M., 1995
36 W.Hayter, *The Kremlin and the Embassy*, London, 1966
37 *Kronshtat 1921*, M., 1997
38 V.Kudryavtsev, A.Trusov, *Politicheskaya yustitsiya v SSSR*, M., 2000
39 B.T.Kulik, *Sovetsko-Kitaiskii raskol : prichiny i posledstbiya*, M., 2000
40 G.A.Kumanev, *Ryadom so Stalinym, otkrovennyie svidetel'stva*, M.,1999
41 O.V.Khlevnyuk, *1937-I. Stalin, NKVD i ovetskoe obshestvo*, M., 1992
42 *Lavrentii Beriya.1953, stenogramma iyul'skogo plenuma TsK KPSS i drugie dokumenty*, M., 1999
43 A.Malenkov, *O moem ottse Georgii Malenkove*, M., 1992
44 *Materialy 'Osoboi papki' politburo TsK-VKP* (*b*) *po boprosu Sovetsko-Poliskkh otnoshenii 1923-1944gg.*, M., 1997
45 Golda Meir, *My life*, New York, 1975
46 Micunovic, *Moscow Diary*, London, 1980
47 A.Mikoyan, *Tak bylo, razmyshleniya o minuvshiem*, M., 1999
48 *Molotov, Malenkov, Kaganovich.1957, stenogramma iyuniskogo plenuma TsK KPSS i drugie dokumenty*, M., 1998
49 I.Vizulis, *The Molotov-Ribbentrop Pact of 1939, the Baltic case*, New York, 1990
50 L.Mletin, *MID mimistri inostrannikh del*, M., 2001

51 N.Mukhitdinov, *Gody, probedennye v Kremle*, Tashkent, 1994
52 *Neizvestnaya Rossiya XX vek*, 1-4, M., 1992-3
53 V.A.Nikonov, *Epokha peremen*, M., 1999
54 A.Obolonskii, *Drama Rossiskoi politicheskoi istorii, sistema protiv lichinosti*, M., 1994
55 Leon Onikov, *KPSS : anatomiya raspada*, M., 1996
56 V.Oshipov, *Tainaya zhizni Mikhaila Sholokhva*, M., 1995
57 E.Osokina, *Za fasadom stalinskogo izobiliya*, M., 1999
58 *Ot Molotova-Ribbentropa do dogovora o bazakh*, 1990
59 *Otnosheniya Rossii* (SSSR) *s Yugoslabiei 1941-45gg.*, M., 1998
60 P.G.Pikhoya, *Sovetskii soiuz, istoriya vlasti 1945-1991*, M.,1998
61 *Pisima I. V.Stalina V.M.Molotovy 1925-1936gg.,Sbornik documentov*, 1995（邦訳、『スターリン極秘書簡──モロトフあて・一九二五年―一九三六年』岡田良之助・萩原良訳、大月書店、一九九六年）
62 *Politburo i tserkov' 1922-25 gg.*, M.,1998
63 *Politburo TsK RKP* (*b*) *-VKP* (*b*) *i Europa, resheniya osoboi papki 1923-1939*, M.,2001
64 *Politburo TsK RKP* (*b*) *-VKP* (*b*) *Povestki dnya zasedanii 1919 -1952, catalog, T.1-3*, M.,2000-01
65 *Politburo TsK VKP* (*b*) *i otnosheniya SSSR s zapadnymi sosedami gosudarstvami*, M.,2000
66 *Politburo TsK VKP* (*b*) *i Sovet Ministrov SSSR 1945-1953*, M., 2002
67 F.M.Rudinskii, *Delo KPSS v konstitutsionnom dude, zapisiki uchastnika protsessa*, M.,1999
68 *Reabikitatsiya : Kak eto bylo, dokumenty presidiuma TsK KPSS i drugie materialy mart*

1953-feb.1956, M., 1999

69 K.M.Simonov, *Glazami chelobeka moego pokoleniya, razmyshlenie o I.V. Staline*, M.,1988

70 I.Shishkin, *Sibirskaya Vandeya*, Nobosibirsk, 1997

71 V.Siplos, *Belikaya pobeda i diplomatiya 1941-1945*, M., 2000

72 W.B.Smith, *Moscow Mission 1946-1949*, London, 1950

73 *Sovershenno sekretno : Lubyanka-Stakinu o polozhenie v strane, 1922-34 gg., t.1, t.2, t.4*, M., 2001

74 *Sovetskaya derevnya glazami VChK-OGPU-NKVD 1918-1939, dokumenty i materially v 4 tomakh*, M.,2000-02

75 *Sovetskii factor v* Vostochinoi *Europe 1944-1953, t.1-2*, M., 1999

76 *Sovetskii soiuz i vengrskii krizis, 1956 goda*, M., 1998

77 *Sovetskoe rukovodstovo perepisska 1928-1941*, M., 1999

78 *Sovetsko-Izlail'skie otnoshenia, sborniki dokumentov*, M., 2000

79 I.Stadnyuk, *Ispoved' Stalinista*, M., 1993

80 *Stalin i Kaganovich, perepiska, 1931-36*, M.,2001

81 *Stalin i kholodnaya voina*, M., 1998

82 *Stalinskoe desyatiletie kholodnoi voiny, fakty i gipotezy*, M.,1999

83 *Stalin's Secret Pogrom, the inquisition of the Jewish Anti-Fascist Committee*, Yale Univ., 2001

84 *Stalinskoe politbyuro v 30e gody, sbornik dokumentov*, M., 1995

85 P.Sudoplatov, *Razvedka i Kreml'*, M., 1996

86 *The unknown Lenin, from the Secret Archive*, Yale, 1996
87 *1941 god v 2-kh knigakh*, M., 1998
88 Togo Shigenori, *Vospominaniya yaponskogo diplomata*, M., 1996
89 D.Shelestov, *Vremya Alekseya Rykov*, M., 1990
90 O.Troyanovskii, *Cherez gody i rasstoyaniya*, M., 1997
91 V.Falin, *Vtoroi front Antigitlerovskaya koalitsia, konflikt interesov*, M., 2000
92 O.I.Rzheshevskii, *Voina i dipolmatiya, Dokumenty komenntarii (1941-1942)*, 1997
93 *Vokrug Stalina, Istoriko-biograficheskii spravochnik*, 2000
94 *Vostochnaya europa v dokumentakh Rossiisikh arkihvov 1944-1953*, t.1-2, M., 1997
95 *The Road to Terror : Stalin and the self-destruction of the Bolsheuik, 1932-1939*, Yale, 1999 (邦訳、『ソ連極秘資料集　大粛清への道――スターリンとボリシェビキの自壊　一九三二―一九三九年』川上洸・萩原直訳、大月書店、二〇〇一年)
96 A.Yakovlev, *Krestosevi*, M., 2000
97 Zima, *Golod v SSSR 1946-47 godov*, M., 1996
98 下斗米伸夫『ソビエト政治と労働組合――ネップ期政治史序説』東京大学出版会、一九八二年
99 下斗米伸夫『スターリンと都市モスクワ――一九三一―一九三四年』岩波書店、一九九四年 (Nobuo Shimotomai, *Moscow under Stalinist Rule*, Macmillan, 1991)
100 下斗米伸夫・金成浩共訳『朝鮮戦争の謎と真実――金日成、スターリン、毛沢東の機密電報による』草思社、二〇〇一年 (A.V.Turknov *Zagadochnaya voina:koreiskii konflikt 1950-1953 godov*, M., 2000)
101 下斗米伸夫『独立国家共同体への道――ゴルバチョフ時代の終わり』時事通信社、一九九二年

102　*A note on the Kuban Affair*, Acta Slavica Iaponika, t.2, 1983
103　http://wihp.si.edu/c.whiplib.nst
104　*T.V.Volokitina i dr., Moskva i vostochnaya evropa 1949-1953*, M., 2002
105　Geoffery Roberts, *Molotov: Stalin's Cold Warrior*, Potomac Books, 2011
106　Voprosy Istorii, 2011, No.1-6,8-11, 2012,1-2. オリジナルは RGASPI, f.2, op.2, d.198.
107　下斗米伸夫『ロシアとソ連　歴史に消された者たち——古儀式派が変えた超大国の歴史』河出書房新社、二〇一三年
108　原書房編集部『敗戦の記録』原書房、一九六七年
109　Vyacheslav Nikonov, *Molotov, molodost*, M., 2005
110　Nikita Sergeevich Khrushchev, *Dva tsveta vremeni*, t1, t.2, M., 2009
111　*F.Z.Dzerzhinskii, predsedatel VChK-OGPU 1917-1926*, M., 2007
112　Aleksandr Pyzhkov, *Korni stalinskogo bolshevisma*, M., 2016
113　五百旗頭真、下斗米伸夫、A・トルクノフ、D・ストレリツォフ編『日ロ関係史——パラレル・ヒストリーの挑戦』東京大学出版会、二〇一五年
114　V.Kryuchkov, *Lichnoe delo*, ch.1-2, M., 1996
115　*Doklad N.S.Khruscheva o Kulite lichnosti Stalina na XX s'ezde KPSS Dokumenty* (*ot.red., K.Aimermakher*), M., 2002
116　*Nasledniki Kominterna, Mezhdunarodnaya sobeshaniya predstabitelei kommunisticyeskikh i rabochikh partii v Moskve* (*Noyabr 1957*), M., 2013
117　Archie Brown, *The Rise and Fall of Communism*, 2009（下斗米伸夫監訳『共産主義の興亡』中央公論新社、二〇一二年）

あとがき

政党は、二〇世紀までは政治の世界でもけっして自明の存在ではなかった。むしろ英国の保守主義者E・バークのように、それはあってはならない徒党のたぐいであると理解されていた。憲法に政党の規定がないものは現行日本国憲法もふくめ多い。

だが二〇世紀はこの政党の世紀となるだろう、といちはやく予言したのは、英国の政治分析をしていた自由主義的な亡命ロシア人M・オストロゴルスキー（一八五四～一九一九）であった。彼が『民主主義と政党の組織』をフランスで出版したのは一八九八年であって、この記念碑的著作はその後ミヘルスやM・ウェーバーの仕事にも受け継がれた。

その後、故国ロシアの民主化のさなか、一九〇六年に国会議員となったオストロゴルスキーであるが、そのころ輩出しはじめた諸政党、とくにロシア社会民主労働党の分派から、二〇世紀の巨大な政党と国家の変動を生み出したロシア革命、共産党が懐胎されたことまでは予想外であっただろう。彼は革命が内戦となるなかでの国家形成の端緒のプロセスをかいま見ながら亡くなった。

ちなみにソ連でこの本は一九二〇年代末、共産主義アカデミーの政治シリーズとして翻訳され、マルクス主義法学者パシュカニスによって「ブルジョワ民主主義」への批判と紹介された（『年報政治学』一九九九年、拙稿「政治の終焉から政治学の再生へ」岩波書店）。

しかしパシュカニスもまた、指導者崇拝、党内の反対派抑圧、粛清、大衆操作、機関決定の優位と、それを支持するだけの「民主主義」、といった「ブルジョワ政党の特質」が、当のソ連共産党のなかでこそ典型的な例示となることをどう思っただろうか。その本人はスターリンによる一九三七年の大粛清のなかで消えた。

おそらくこの西欧とソ連の政治過程を同時代の実践的政治学者として痛苦の思いで見ていた人物に、イタリアのアントニオ・グラムシがいる。ロシアでは市民社会が未発達でゼラチン状である、といった表現はあまりに有名だが、党と国家についても、「近代世界で政党が政党であるのは、それが一つの国家、一つの世界観へと総合的に発展していけるような様式、形態で構想され、組織され、指導される場合だけだ。政党の国家への発展は、政党自体にはねかえり、政党の不断の組織替えを要求する」（『新君主論』）といった。別のところで、党とは未来の国家を予兆するとも指摘していた。

モロトフの事績を通じて、共産党がソ連国家を作り、その持っていた自己矛盾がソ連邦の崩壊をも準備するといった過程を追うことを分析したかった。必ずしもモロトフの伝記、評伝を企図したものではないが、彼を切り口としてソ連政治史を整理し直したものが本書である。

一〇年ほど集中してきた現代ロシアの変動の研究や評論がプーチン政権誕生で一段落したころ、やや遠ざかっていたソ連政治史研究を、崩壊後公表された資料をふまえ新たな角度から見直してほしい、という不可能な注文を出したのは、選書メチエの編集者、園部雅一氏であった。二〇〇〇年六月であったと記憶する。彼の熱意と督促がなければこのような本が出ただろうか。お礼申し上げたい。

二〇〇一年夏、北海道大学スラブ研究センター（現スラブ・ユーラシア研究センター）での快適な環境のもとで客員生活を送って、本書のもととなった資料を閲読できた。村上隆センター長、原暉之教授らのご支援を受けた。また毛里和子氏が中心となった冷戦史研究会でも本書のもととなった仕事を報告した。ロシアの歴史家たち、とくに数度のインタビューに応じて下さった、モロトフの孫の政治評論家ビャチェスラフ・ニコノフ氏、党関係文書からコピーを提供されたアレクセイ・キリチェンコ氏、急逝されたボリス・スラビンスキー氏、モスクワの多くの知人である政治学者たち、さらに北京の沈志華氏ら歴史家にもお世話になった。原稿にコメントを頂いた佐藤経明教授にも感謝したい。

二〇〇二年五月二九日

下斗米　伸夫

学術文庫版への追記

本書原本を書き上げた以後、筆者はロシアの宗教に関心をひかれ多少研究してきた。とりわけペレストロイカ末期からロシアの友人たちから古儀式派のことを聞いていて研究する機会をうかがっていた。なかでも二一世紀になって、古儀式派がボリシェビズムに与えた問題提起が、オレグ・シャフナザロフ、アラ・グリンチコバらによって提起された。研究自体もアレクサンドル・ピジコフ、セルゲイ・タラネツ、ウラジミール・セミブラトフらによって進められている。幸いにして筆者にも二〇〇八年からロシアと英国で研究をする機会が与えられ、その拠点であるイワノボ、ビヤトカを訪問し、そして他ならぬ「第三のローマ」、モスクワのロゴジスコエ付近に下宿できた。

その成果として『ロシアとソ連　歴史に消された者たち――古儀式派が変えた超大国の歴史』を書いた。そのなかでボリシェビズムと古儀式派との浅からぬ関係をようやく追究できた。その過程で他ならぬモロトフ自身が古儀式派との関係がきわめて深い政治家であることを実感、増補版を書くことを願っていた。さらにはモロトフの一九六四年党中央委員会宛書簡が『歴史の諸問題』誌上で二〇一一年から掲載された。二〇一四年からのウクライナ紛争もロシアとウクライナの関係を見直す機会となり、その過程での古儀式派とロシアとの関係は決定的だった。もっとも加筆は最小限に抑えた。それらを加味した増補版を、ロシア革命一〇〇年を契機として文庫版で出すことを、本書原本の編集者であった園部雅一さんが今回も快諾してくれた。深く感謝したい。

二〇一六年七月二一日

下斗米　伸夫

〈ヤ行・ラ行・ワ行〉

〈マ行〉

〈タ行〉

〈ナ行〉

〈ハ行〉

〈サ行〉

索 引

KODANSHA

本書の原本『ソ連＝党が所有した国家　1917-1991』は、二〇〇二年に講談社選書メチエとして刊行されました。学術文庫に収録するにあたって全面的に増補改訂し、タイトルを改めました。

下斗米伸夫（しもとまい　のぶお）

1948年札幌市生まれ。東京大学法学部卒業，同大学院法学政治学研究科修士課程修了，同大学院法学政治学研究科博士課程修了。法学博士。専門は，ロシア・CIS政治，ソ連政治史。法政大学名誉教授。著書に，『ソビエト政治と労働組合』『ソ連現代政治』『ゴルバチョフの時代』『モスクワと金日成』『日本冷戦史』『ロシアとソ連　歴史に消された者たち』『プーチンはアジアをめざす 激変する国際政治』など多数。

講談社学術文庫

定価はカバーに表示してあります。

ソビエト連邦史《れんぽうし》 1917−1991

下斗米《しもとまい》伸夫《のぶお》

2017年2月10日　第1刷発行
2023年4月24日　第10刷発行

発行者　鈴木章一
発行所　株式会社講談社
東京都文京区音羽 2-12-21 〒112-8001
電話　編集（03）5395-3512
販売（03）5395-4415
業務（03）5395-3615

装　幀　蟹江征治
印　刷　株式会社新藤慶昌堂
製　本　株式会社国宝社
本文データ制作　講談社デジタル製作

ISBN978-4-06-292415-3

「講談社学術文庫」の刊行に当たって

これは、学術をポケットに入れることをモットーとして生まれた文庫である。学術は少年の心を養い、成年の心を満たす。その学術がポケットにはいる形で、万人のものになることは、生涯教育をうたう現代の理想である。

こうした考え方は、学術を巨大な城のように見る世間の常識に反するかもしれない。また、一部の人たちからは、学術の権威をおとすものと非難されるかもしれない。しかし、それはいずれも学術の新しい在り方を解しないものといわざるをえない。

学術は、まず魔術への挑戦から始まった。やがて、いわゆる常識をつぎつぎに改めていった。学術の権威は、幾百年、幾千年にわたる、苦しい戦いの成果である。こうしてきずきあげられた城が、一見して近づきがたいものにうつるのは、そのためである。しかし、学術の権威を、その形の上だけで判断してはならない。その生成のあとをかえりみれば、その根は常に人々の生活の中にあった。学術が大きな力たりうるのはそのためであって、生活をはなれた学術は、どこにもない。

開かれた社会といわれる現代にとって、これはまったく自明である。生活と学術との間に、もし距離があるとすれば、何をおいてもこれを埋めねばならない。もしこの距離が形の上の迷信からきているとすれば、その迷信をうち破らねばならぬ。

学術文庫は、内外の迷信を打破し、学術のために新しい天地をひらく意図をもって生まれた。文庫という小さい形と、学術という壮大な城とが、完全に両立するためには、なおいくらかの時を必要とするであろう。しかし、学術をポケットにした社会が、人間の生活にとってより豊かな社会であることは、たしかである。そうした社会の実現のために、文庫の世界に新しいジャンルを加えることができれば幸いである。

一九七六年六月　　　　野間省一